TATSACHEN

Nr. 64

„In der ganzen Geschichte des Menschen ist kein Kapitel unterrichtender für Herz und Geist, als die Annalen seiner Verirrungen."
Friedrich Schiller

Henner Kotte

Morde, die Geschichten schrieben

Sachsen I: Vom Sachsenspiegel bis Gottfried Keller

TaVe

TAUCHAER VERLAG

MIX
Papier aus verantwortungsvollen Quellen
FSC® C014138

Kotte, Henner:
Morde, die Geschichten schrieben –
Sachsen I: Vom Sachsenspiegel bis Gottfried Keller
1. Aufl. – [Leipzig]: Tauchaer Verlag 2022
ISBN 978-3-89772-318-4

Satz / Herstellung: Sabine Ufer Verlagsherstellung
Printed in EU

ISBN 978-3-89772-318-4

Inhalt

Uns ist in alten Mæren ...

Der Sachsenspiegel, Mordlegenden und andere Gerichtsbarkeiten

„Verbrechen sind so alt wie die Menschheit!" So künden auch älteste auf uns gekommene Texte von Mord und Todschlag, von Betrug und Intrige, von Schuld und Sühne. „Und Adam erkannte seine Frau Eva, und sie ward schwanger und gebar den Kain. Danach gebar sie Abel, seinen Bruder. Und Abel wurde ein Schäfer, Kain aber wurde ein Ackermann. Es begab sich aber nach etlicher Zeit, dass Kain dem HERRN Opfer brachte von den Früchten des Feldes. Und auch Abel brachte Früchten des Feldes. Und auch Abel brachte von den Erstlingen seiner Herde und von ihrem Fett. Und der HERR sah gnädig an Abel und sein Opfer, aber Kain und sein Opfer sah er nicht gnädig an. Da ergrimmte Kain sehr und senkte finster seinen Blick. Da sprach

Urteil fällt im Kampfe: Mann gegen Mann

der HERR zu Kain: Warum ergrimmst du? Und warum senkst du deinen Blick? Ist's nicht so: Wenn du fromm bist, so kannst du frei den Blick erheben. Bist du aber nicht fromm, so lauert die Sünde vor der Tür, und nach dir hat sie Verlangen; du aber herrsche über sie. Da sprach Kain zu seinem Bruder Abel: Lass uns aufs Feld gehen! Und es begab sich, als sie auf dem Felde waren, erhob sich Kain wider seinen Bruder Abel und schlug ihn tot."

Der Menschheit erster Mord: Kain erschlägt Abel

Auch mittelalterliche Epen erzählen von heimtückischen Mord und blutiger Rache. „Als der edle Siegfried aus dem Brunnen trank, / er schoß ihn durch das Kreuze, daß aus der Wunde sprang / das Blut von seinem Herzen an Hagens Gewand. / Kein Held begeht wohl wieder solche Unthat nach der Hand." Wohl oft hatte man die Helden lebenden Personen nachgezeichnet. War Siegfried der Cheruskerfürst Arminius? War er Chlodwig? Oder Sigibert, der König von Austrasien?

Um Gerechtigkeit obwalten zu lassen, bedarf es anerkannter Gesetze. Aus diesem Grunde ist eines der ältesten Prosawerke deutscher Sprache der „Sachsenspiegel" (um 1180), eine Aufzeichnung von Rechtsvorschriften, die bis dahin nur mündlich überliefert worden waren. Verfasser: Eike von Repgow. Er schrieb es auf Burg Falkenstein im nordöstlichen Harz. Möglicherweise hat das Vordringen von römischen, langobardischen und kanonischen Gesetzen ihn zur Aufzeichnung der heimischen Gewohnheitsrechte angeregt. So bilden „Vernunft und göttliche Wahrheit die Maßstäbe, an denen von Repgow das heimische Recht misst. Wie andere Specula des Mittelalters, so zeigt auch der Sachsenspiegel nicht bloß ein Abbild, sondern ist zugleich Vorbild". Dieses Handbuch für Land- und Lehnrecht, Eigentumsrecht an Grund und Boden, Erbrecht, Ehestands-, Straf- und Nachbarschaftsrecht wirkte bis weit in den Osten hin nach Krakau, Lemberg, Kiew, Minsk, Wilna, Riga, Reval und Thorn. So heißt es: „Wer einen Mann erschlägt oder fängt oder beraubt, oder brandstiftet ohne Mord, oder Weib oder Magd notzüchtigt und den Frieden bricht oder beim Ehebruch betroffen wird, dem soll man das Haupt abschlagen."

Vier Handschriften legten das Werk bildreich nieder. „Diese vier Codices sind zwischen 1295 und 1371 angefertigt worden. Bei aller Unterschiedlichkeit verbindet sie doch die charakteristische und in dieser Form einzigartige Kombination aus Bild und Text.“ In Dresden hat bereits der erste kurfürstliche Bibliothekskatalog 1574 eine Ausgabe verzeichnet. Aus konservatorischen Gründen zeigt die Schatzkammer des Buchmuseums diesen „Sachsenspiegel“ im Jahr nur sechs Wochen.

Kirchenbücher, Akten und Legenden erzählen von Verbrechen auch im Sachsenlande aller Orten. So trieb im vogtländischen Triebel um 1550 der Waldmörder sein Unwesen und „hatte kleine Knäblein und Kindlein auf dem Marktwege von Plauen oder Oelsnitz auf dem Hofe aufgefangen, ihnen ihr Brot aus dem Körblein genommen und danach vom Weg ab in den Wald hineingeführt und mit der Axt totgeschlagen“. Zu Gersdorf, „eine Meile des Wegs von Löbau gelegen“, brachte der „gottlose Muttermörder“ Hans Mey am 14. Dezember 1571 die Barbara Meyin ums Leben. Er hatte sie „mit geballter Faust zu Boden geschlagen, das Messer gezogen, dasselbe in ihre Kehle oder Gurgel gestochen, das Messer darin zerbrochen und ihr mit dem Stumpf vollends den Hals abgeschnitten“. In Elsterberg entzweien sich zwei Bauern, worauf der namens Schleicher den anderen – Pucher – erschlägt und auf dem Felde verscharrt. Als der Mörder sieht, dass fortan „auf das Grab kein Tau fällt, gräbt er den Pucher wieder aus, besorgt, der Tote könnte sonst umgehen. Mit einem Stein um den Hals trägt er ihn zur Elster. Als der Müller dort Wasser abschlägt, gewahrt er im Fluss zwei in die Höhe gereckte Beine. Schleicher verrät sich mit wilder Flucht. Man findet ihn von

Tieren zerfleischt, die ihm Augen und Herz aus dem Leibe gefressen."

Doch berichten die alten Annalen auch von Helden, die sich den Mordbuben zu widersetzen wussten. Gar manches Mal fassten sich gar Frauen den Mut, der dem vermeintlich starken Geschlecht zum Verhängnis geworden. So erzählt man, dass sich zu Berbisdorf nahe der großen Stadt Chemnitz (heute eingemeindet) eine Mühle befand, darin der Müller mit seiner Müllerin brav schafften. Am 16. September 1520 seien zwei Soldaten, der eine in Manns- und der andre in Weibskleidern zu jenen gekommen und haben sie um eine Herberge zur Nacht angesprochen, die ihnen das Müllerpaar gutwillig vergönnte. Der im Habit eines Mannes sprach zum Hausherrn gar drängend: „Müller, wie wär's mit einem Gang in die Wirtschaft, ich gäbe aufs Nachtlager Euch gern einen aus." Und so gingen die beiden zur Schänke aufs Bier und ließen sich's munden. Das Mannweib jedoch versuchte, die Müllerin derweil um Geld und Geschmeide zu bringen. Die Müllerin trotzte, auch als sie von ihm gezwungen ward, die Truhe mit den Schätzen zu öffnen. Doch der Gewaltdrohungen musste die Frau sich letztlich unterwerfen, wollte sie ihr Leben behalten, und reicht dem Spitzbuben den Schlüssel. Der Räuber schließt, und der Deckel der Schatztruhe hebt sich. Das überraschte, machte ihn aber auch glücklich, denn blutlos war er zum Ziele gelangt. Als er jedoch sich zu den in der Truhe glänzenden Werten bückte, um sie an sich zu nehmen, war die Müllerin hinter seinen Rücken geschlichen. Mit kühnem Griff langte sie nach seinen Beinen und reißt sie herauf und stürzt damit den Mann in den Kasten. Schnell klappt sie den Deckel wieder herunter und dreht ein-, zweimal den Schlüssel im Schloss. Laut ruft sie nach ihrem Sohne, der solle den Vater aus der Schänke heimholen. Doch hatte in der Wirtschaft der Komplize den Müller längst allein sitzen lassen und war auf dem Wege zur Mühle, um seinen Kumpan zu unterstützen. Als er dem Müllerjungen ansichtig wurde, zwingt er ihn zur Umkehr. So war der Plan einer Rettung gescheitert, der Knabe musste sich auf den Heimweg mit dem Verbrecher machen. Der ahnte bereits, dass der Raub nicht so abgelaufen, wie von ihnen erdacht. Als sie an der Mühle ankommen, ist die fest verschlossen, die Riegel vorgeschoben, die Läden geschlossen. Die Müllerin lässt weder ihren Jungen noch den Räuber ins Haus. Darob gerät der Verbrecher in Rage und massakriert den unschuldigen Knaben. Die Mutter schaudert's, als sie die Schreie ihres Kindes anhören muss, doch vernimmt sie auch die weiteren Wege des Mörders. Der versucht, über die Mühlwelle ins Haus zu gelangen. Die Müllerin jedoch setzt das Mahlwerk geschwind in Bewegung, der Räuber wird von dem Balken gestoßen und gerät unters Rad. Der Mühlstein quetscht den Unhold zu Tode. Nun eilt die mutige Frau in die Kneipe, um ihren Mann nebst den Gerichten ob der Untat und ihrem Handeln Bescheid zu geben. Eine Anzahl von Herren und Knechten schreiten mit Müller und Müllerin hin an den Ort des grausen Geschehens, sie können nicht an die Wahrheit des Erzählten glauben und überlegen wohl, die Müllerin ins Irrenhaus zu expedieren. Angelangt an der Mühle lassen sie die Geldtruhe öffnen, um vom darin versperrten Räuber Antworten zu erhalten. Doch bleibt der Mann regungslos, so sehr sie ihn auch rütteln und schlagen. Der Insasse war am Luftmangel zu Tode gekommen. Beider Bösewichter leibliche Hüllen sind nachgehend zu Freiberg allen andern zur Abscheu, aufs Rad gelegt worden. Die Raben pickten Tage,

Räuberpistole & Frauenpower: mordgierig-heiter

ja Wochen. Müller und Müllerin fielen sich in die Arme und beweinten den Sohn.

Die Mär von der wehrhaften Müllerin zu Berbisdorf hat sich erhalten, wenn auch heute keiner mehr den Standort der Mühle zu bezeichnen weiß, so steht ihre Geschichte in Märchenbüchern und Sagensammlungen. So hat sie wohl Wilhelm Busch zur seinem Bilderbogen „Die kühne Müllerstochter“ (1875) inspiriert, denn die Parallelen sind offensichtlich. Buschs Feder hat das Geschehen leicht abgewandelt, ausgeschmückt und mit noch mehr Details versehen. Der Legenden Natur ist's allemal, dass sie weitergesponnen werden:

Es heult der Sturm, die Nacht ist graus,
Die Lampe schimmert im Müllerhaus.
Da schleichen drei Räuber wild und stumm,
– Huschihusch! Pst, pst! – ums Haus herum.

Die Müllertochter spinnt allein,
Drei Räuber schauen zum Fenster herein.
Der zweite will Blut, der dritte will Gold,
Der erste ist dem Mädel hold.

Und als der erste steigt herein,
Da hebt das Mädel den Mühlenstein.
Und – patsch! – der Räuber lebt nicht mehr,
Der Mühlstein druckt ihn gar zu sehr.

Und schon erscheint mordgierig heiter
Und steigt durchs Loch der Räuber zweiter.
Ha! Hu! – Er ist ehers gewollt
Wie Rollenknaster aufgerollt.

Jetzt aber naht mit kühnem Schritte
Voll Goldbegierigkeit der dritte.
Schnapp! – ist der Hals ihm eingeklommen;
Er stirbt, weil ihm die Luft benommen.

So starben die drei ganz unverhofft.
O, Jüngling! da schau her!!!
So bringt ein einzig Mädchen oft
Drei Männer ins Malheur!!!

Eike von Repgow (um 1180): Sachsenspiegel, München 1984.
Wilhelm Busch: Die kühne Müllerstochter, Stuttgart 1875.
Gebrüder Grimm: Deutsche Sagen (1816 ff.), Berlin 1983.
Michael Kirchschlager/Lothar Bechler: Das sächsische Obscurum, Arnstadt 2001.

Das Schurkenstück vom Ritter Kunz

Literatur aller Genre:
Der Prinzenraub zu Altenburg

Die Tatnacht vom 7. zum 8. Juli 1455 wählten Kunz und seine Mannen, weil die Söhne des Kurfürsten Friedrich so gut wie unbewacht schliefen: „Nach Mitternacht, als im Residenzschloße die tiefste Ruhe herrschte, auch aus der Stadt Altenburg der Stimmen nur wenige mehr ertönten, die Lichter in den Laternen erloschen waren und die Meisten, trunken von Schlaf und Wein, sich gelagert hatten – erhob Moloß, so hieß der Hund, welchen eine eiserne Kette an den Eingang des Schlosses fesselte, er, der alleinige Wächter, plötzlich ein heftiges Gebelle, knirschte drohend mit den Zähnen im schäumenden Rachen, und heulte vor zügelloser Wuth. In dem Schlosse selbst entsteht ein Geräusch, man tritt leise auf und murmelt heimlich unter sich; bald darauf werden die Riegel der Thüren erbrochen, die Angeln öffnen sich, man läuft im ganzen Schlosse umher, und dennoch erwacht nicht Einer aus der Dienerschaft. Einige öffneten leise die Thüre des Saales, in dem die Prinzen ruhig schliefen, traten vorsichtig ein, und öffneten behutsam den Vorhang, der sie umschlang. Jedoch konnten sie ihr schändliches Vorhaben nicht so in aller Stille ausführen, ohne die Prinzen aus ihrem Schlummer zu wecken. Ernest, der Ältere, öffnete plötzlich seine noch schläfrigen Augen, und gewahrte nicht bloß das ober ihn blitzende Schwert, sondern auch die Gegenwart einiger wuthschnaubender Gesellen. Nun schrie er mit gählender und kläglicher Stimme um Hilfe: allein

„Erlauchter, hochgeborener Herr, wisse, daß ich Euer und aller Euren Feind sein werde ...“

ein Wütherich stürzte mit frecher Stirne und gezücktem Schwerte auf den Unglücklichen los, setzte ihm den Dolch an die Brust, und sprach mit donnernder Stimme: ‚Schweige oder stirb!‘ Der Prinz getraute sich nicht zu mucksen, seufzte tief auf und harrte angstvoll des Ausgangs der Sache. Albert, der Jüngere, welcher bisher noch immer schlummerte, erwachte bei dieser Sprache vom Schlafe, wischte mit dem Fingerchen die schläfrigen Augen aus, und schrie: ‚Jesus! Jesus! Ach, ich werde gemordet!‘ Allein auch diesem gebot der sichelförmige Säbel des Unmenschen tiefes Schweigen“ (Friedrich Dobler).

So es die Bedingungen zulassen, wird alljährlich das Schurkenstück auf einer Freilichtbühne vor den historischen Mauern gegeben. Bereits 1593 hatte der Chronist Daniel Cramer ein Schuldrama des Titels

„Plagium“ verfasst, was aus dem Latein als die „widerrechtliche Abfuhr eines fremden Sklaven oder eines freien Kindes sowie dessen Verkauf“ zu übersetzen wäre. Bartholomäus Ringwaldt hatte das Stück 1597 ins Deutsche übertragen. Von da an erschienen meist dramatische Bearbeitungen dieses Kriminalfalls. So David Faßmanns „Gespräche In Dem Reiche derer Todten“ (1727), darunter eines „zwischen Kuntzen von Kauffung, Dem Sächsischen Printzen-Räuber, Und Aruch Barbarossa, Einem weltbekannten Türckischen See-Räuber und nachmahligen König zu Algier: Worinnen nicht nur sonderbare Nachrichten, von dem Raub derer beyden Sächsischen Printzen Ernesti und Alberti, ihrer Befreyung, und Kuntzens erfolgter Hinrichtung durch das Schwerdt enthalten, sondern auch Barbarossä Erstaunens-würdige See-Raubereyen, dessen Erhebung zum König zu Algier, und mit der Printzeßin Zapphira gewechselten Liebes-Briefe, mitgetheilet werden, Samt dem Kern derer neuesten Merckwürdigkeiten, und darüber gemachten curieusen Reflexionen“ oder vom Anonymus Niquander (1728) die „Gründliche Doch kurtz-gefaßte Historische Nachricht Von dem Auf dem Schlosse zu Altenburg geschehenen Printzen-Raube, So an den Beyden Durchl. Chur-Printzen, als Stamm-Herren des Druchl. Chur-Hauses Sachsen Ernesto und Alberto, ergangen ist, Welche Beraubung Auf Angeben des churfürstl. Mund-Koches daselbst gerichtet worden zum besten in Teutsche Verse gebracht“. In Wien komponierte Ferdinand Kauer 1808 nach einem Libretto des Schauerromanciers Joseph Alois Gleich „Kunz von Kauffungen oder der Prinzenraub in Sachsen. Ein Schauspiel mit Gesang in drey Aufzügen. Nach der wahren Geschichte frey bearbeitet für d. k. k. privil. Schaubühne in der Leopoldstadt“. Theatertexte auch von Johann Hoffmann

(1690), Franz Xaver Jann (1790), Johannes Minckwitz (1838) und Kurt Arnold Findeisen (1937). Prosaisch die Werke von Daniel Wilhelm Triller (1743), Gustav Nieritz (1852), Wilhelm Schröter (1954) und Regina Röhner (2002). Damit der Bearbeitungen aber kein Ende, auch Gedichte lassen sich finden und Lieder und Gemälde und Comics.

Konrad von Kauffungen, genannt Kunz (~*1410–†1455), entführte die Sachsenprinzen Ernst (14) und Albrecht (11) – jene Fürsten, die Sachsen 30 Jahre später teilten – aus dem Schlosse zu Altenburg. Kunz wollte damit Rache an Friedrich dem Sanftmütigen (*1412–†1464) nehmen, denn Kauffungen glaubte, seinem Herrn treu gedient zu haben. Doch nach seinem Siege wandte sich der Herrscher von ihm ab, und Kunz sah sich in eine existentielle Krise gestürzt. Kauffungen fand, das Recht zur Fehde mit dem Landesherrn stünde ihm zu, zum anderen hatte er auch nichts mehr zu verlieren. Kunz entstammte jenem Geschlechte derer zu Kauffungen (heute ein Ortsteil von Limbach-Oberfrohna): Verarmter Adel, der Ritterstand hatte längst seinen guten Ruf eingebüßt. Durch Heirat stieg er in die Reihen der Getreuen des sächsischen Kurfürsten auf und wurde wettinischer Amtmann im Amtssitz zu Altenburg. Persönlich erklärte Kunz einst Wilhelm dem Tapferen (*1425–†1482) die Fehde und kämpfte im Sächsischen Bruderkriege von 1446 bis1451 auf Seiten von dessen Bruder Friedrich. Der Kauffung war ein „kriegserfahrener, zum Kampf stets bereiter und unerschrockener Mann“. Er erlangte brutalen Ruf und sein Besitz wurde dem Erdboden gleich gemacht. Fürst Friedrich dankte dem Helden und schuf ihm für seine Taten materiellen Ausgleich. Er überließ Kunz Hab und Gut in Kriebstein und Schweikershain. 1451 brachten Verhandlungen den Naumburger

Mann des Volkes verteidigt Prinz und Fürstenehre

Frieden, danach nahm Friedrich seine Gaben von Kunz wieder fort. Kunz zog erbost vor Gericht und verlor. „Erlauchter, hochgeborener Herr, wisse, daß ich wegen der Sache, die Ihr in meiner Schuldangelegenheit getan habt, Euer und aller Euren Feind sein werde."

Kunz und seine 30 Getreuen wussten die Prinzen in der Nacht vom 7. auf den 8. Juli 1455 fast unbewacht auf dem Altenburger Schloss, das Kunz als ehemaliger Amtmann gut kannte. Fürst Friedrich weilte mit seinem Hofstaat auf einer Hochzeit. Küchenjunge Hans Schwalbe ließ eine Strickleiter vom Schlosse herunter. Hinauf und herunter - der Prinzenraub glückte. Bei Entdeckung der Tat läuteten im ganzen Sachsenlande die Glocken und riefen zur Suche. Für eine bessere Flucht trennten sich die Entführer samt Prinzen. Doch noch am selbigen Abend wurde Kunz mit Prinz Albrecht im Kloster Grünhain gestellt und in einen Zwickauer Kerker geworfen. Seine Komplizen ergaben sich wenige Tage später. Sie hatten sich in einem Bergwerksstollen versteckt, heute die Prinzenhöhle bei Hartenfels. Am 12. Juli überstellte man Kunz nach Freiberg, nach kurzem Prozess enthauptete man ihn zwei Tage später dort auf dem Marktplatz. Die Augen des steinernen Kopfes am Rathauserker blicken genau auf die Stelle, wohin sein Kopf rollte. Da ist auch heute der Pflasterstein blau. Dreimal drauf spucken bringt Glück.

Die schaurig' Mär aus der sächsischen Landesgeschichte hinterließ die Schauplätze vom Schloss bis zur Höhle und neben der Kunst noch andere Spuren: Teile der Strickleiter werden in Museen in Freiberg und in Altenburg ausgestellt. Die überglückliche Mutter stiftete der Wallfahrtskirche in Ebersdorf (Ortsteil von Chemnitz) einen Altar, was der Papst ihr auch bestätigt haben sollte. Seine Urkunde wurde später indes als „Plagium Kauffungense", als eine Fälschung, entlarvt. Doch übergaben die hohen Herrschaften dem Gotteshause die Kleider der Jungen und die Kappe des Köhlers, der Kunz Kauffungen seinen Häschern ausgeliefert. Diese sagenumwobenen Textilien werden noch

Toitoitoi – Der Augenblick auf Pflasterstein

heute in Ebersdorf aufbewahrt. Aus Sachsens Kultur ist die Rittergeschichte vom Prinzenraub nimmer zu tilgen, und der Kunz ist Legende.

Kunz von Kauffungen mit zwei Rittern
Saß in der Waldschenk und trank einen Bittern.
Da besoff sich einer von den Rittern,
Fiel untern Tisch, dass die Wände zittern.

Kunz von Kauffungen mit einem Ritter
Saß in der Waldschenk und trank einen Bittern.
Da besoff sich der andre von den Rittern,
Fiel untern Tisch, dass die Wände zittern.

Kunz von Kauffungen ohne die zwei Ritter
Saß in der Waldschenk und trank einen Bittern.
Kunz von Kauffungen ohne die zwei Ritter
Fiel endlich selbst ab - die Wände zittern!

Kunz von Kauffungen mit zwei Rittern
Lag unterm Tisch, besiegt vom Bittern.
Da erholt' sich einer von den Rittern,
Saß in der Waldschenk und trank einen Bittern.

Kunz von Kauffungen mit einem Ritter
Schnarcht unterm Tisch, dass die Wände zittern.
Da erholt' sich der andere von den Rittern,
Saß in der Waldschenk und trank einen Bittern.

Kunz von Kauffungen ohne die zwei Ritter
Schnarcht unterm Tisch, dass die Wände zittern.
Endlich erholt sich Kunz gleich den zwei Rittern,
Saß in der Waldschenk und trank einen Bittern.

Kunz von Kauffungen mit zwei Rittern
Ließ nach diesem Vorfall die Pferde füttern.
Kunz von Kauffungen mit seinen Rittern
Ritt nach Chemnitz und trank einen Bittern.

Da besoff sich einer von den Rittern,
Fiel untern Tisch, dass die Wände zittern.
etc. etc. Da capo in infinitum

(Joseph Viktor von Scheffel)

Friedrich Dobler: Ernest und Albert, Straubing 1838.
Joseph Viktor von Scheffel, Gedicht in: Gaudeamus. Lieder aus dem Engeren und Weiteren, Stuttgart 1868.

Herr K. führt Krieg

Im Zeitspiegel: Gerechtigkeit und Selbstjustiz

„Aus einer alten Chronik" erzählt Heinrich von Kleist 1808 das Schicksal des Michael Kohlhaas. Weltliteratur hat er geschaffen! In vierzig Sprachen wurde die Novelle übersetzt. Die Faszination, die von ihr ausgeht, hat seitdem zahlreiche Dichter und Forscher. Bereits Goethe gab zu, dass die Kohlhaas-Novelle „artig erzählt und geistreich zusammengestellt" sei. Friedrich Wolf verglich in „Kunst ist Waffe" (1928) Kohlhaas mit den Bauernführern Müntzer und Hutten. Selbst der märkische Dichter und Erzähler Theodor Fontane kam nicht an Kohlhaas vorbei und äußerte, dass der Charakter des Helden nicht bloß „allgemein psychologisch richtig, sondern auch zeitbildlich richtig gezeichnet"

Heinrich von Kleist

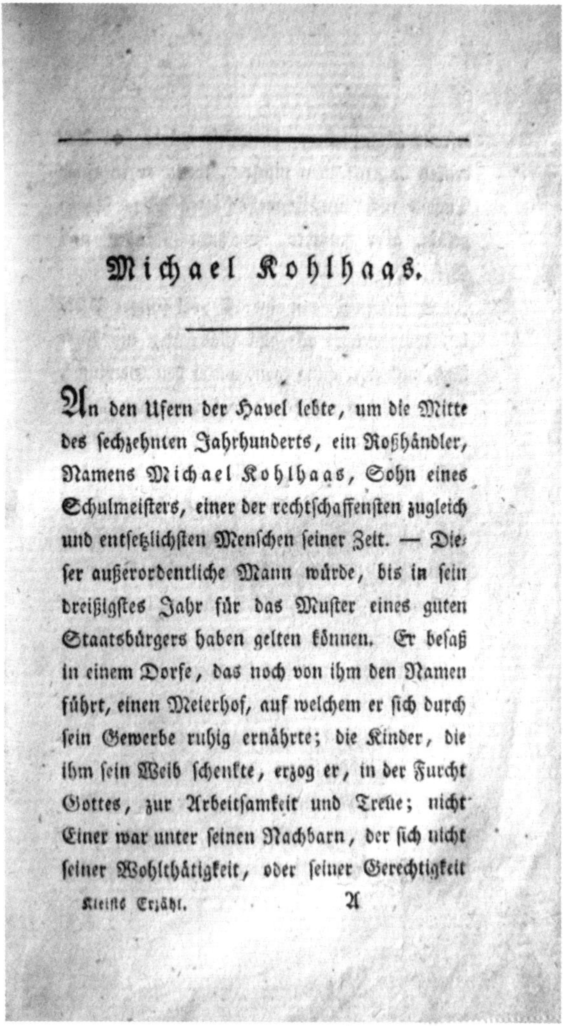

Michael Kohlhaas.

An den Ufern der Havel lebte, um die Mitte des sechzehnten Jahrhunderts, ein Roßhändler, Namens Michael Kohlhaas, Sohn eines Schulmeisters, einer der rechtschaffensten zugleich und entsetzlichsten Menschen seiner Zeit. — Dieser außerordentliche Mann würde, bis in sein dreißigstes Jahr für das Muster eines guten Staatsbürgers haben gelten können. Er besaß in einem Dorfe, das noch von ihm den Namen führt, einen Meierhof, auf welchem er sich durch sein Gewerbe ruhig ernährte; die Kinder, die ihm sein Weib schenkte, erzog er, in der Furcht Gottes, zur Arbeitsamkeit und Treue; nicht Einer war unter seinen Nachbarn, der sich nicht seiner Wohlthätigkeit, oder seiner Gerechtigkeit

Kleists Erzähl. A

Novelle mit Nebenwirkung (Druck, 1810)

Hans Kohlhase: Rebell im Namen der Gerechtigkeit

sei. Thomas Mann schrieb, „ihn dünke Kleist's tragische Novelle sei nicht ganz unzeitgemäß; sie habe etwas von weckendem Aufruf in einem historischen Augenblick".

Anno 1501 war Kohlhase zwar nicht in Sachsen geboren worden, aber im Lande ward er 1532 betrogen und hier war seiner Legende Beginn. Die Gegend des Tatorts, Bad Düben, ehrt den vermeintlichen Helden - und sich - mit alljährlichem Festspiel. Sicher: Der klassische Wildschütz und edle Räuber ist Kohlhase nie gewesen, wenn er auch manche seiner Attribute verkörpert. Sein Schicksal aber scheint exemplarisch für all jene, die sich gegen staatliches Unrecht zur Wehr setzen. Heinrich von Kleist hat die Fakten im Dienste von beabsichtigter Aussage und Dramaturgie der Novelle verändert - auch die Namen: manchen scheint's, aus Goethes „Götz von Berlichingen" entliehen. In Wirklichkeit trug Kohlhase nicht Erzengels Namen, sondern hieß Hans. Auch übte er nicht den Beruf eines Rosshändlers aus, Kohlhase war Kaufmann in Cölln, am Spreeufer. Berlins Stadtteil Kohlhasenbrück trägt den Namen des Helden zufällig, auch wenn die Sage anderes behauptet.

Hans Kohlhase verdiente mit Lebensmittelhandel und sah gute Verdienstmöglichkeiten auf der Leipziger Herbstmesse anno 1532. Herr K. musste verkaufen, denn ihn belasteten hohe Kredite. Seinen Gläubigern hatte der Händler den erwarteten Gewinn im Voraus verpfändet. Die Güter waren gen Leipzig vorausgeschickt worden. Herr K. selbst war am 1. Oktober unterwegs und wird zu Wellaune hinter Bad Düben festgehalten. „... das mich Junkere vonn Zassetzs vnndersassenn zu wellaun unnd Schnautetz durch beuelch unnd geheiß obgenannts Ihres Junckhern, vff Michaelis, Anno etc. 32 wieder Recht, vehe, vnnd alle billicheit, vff fürstlich freier Strassenn, mir angetastet, vnnd zwene klopper mit gewalt genumen, vnnd behaltenn". In Leipzig erscheint der Händler, als alle Messen gesungen und vorbei sind, weit unter Wert muss er seine Ware wohlfeil bieten. Herr K. ist ruiniert. Er kämpft um das, was ihm verblieben: Pferde.

Freilich schildert jener „Erb-, Lehns- und Gerichtsherr auf Schnaditz und Wellaune", jener Günter von Zaschwitz das Vorkommnis anders: Herr K. hätte in der Gastwirtschaft zu Wellaune Randale begonnen, wäre dann geflohen, seine Pferde seien bei Zaschwitz geblieben, er musste sie ins Futter stellen und pflegen. „Als aber Kohlhase davon gezogen, hat der Edelmann die Pferde etliche Wochen weidlich getrieben, und also abmatten lassen, daß sie ganz und gar verdorben: Derowegen hat Kohlhase auff seine Wiederkunfft, da er genugsam Beweiß brachte, die Pferde nicht wieder annehmen, sondern bezahlet haben wollen." Ein Schlichtungstermin verläuft ohne Resultat. Kohlhase entsendet nochmals sein Rechtsbegehr an die zuständigen Stellen. Doch, scheint ihm, wird der Prozess hintertrieben. Als nach Monaten immer noch nichts in seiner Sache geschieht, entsendet Herr K. am 12. März 1534 einen Fehdebrief und erklärt dem sächsischen Kurfürsten seinen persönlichen Krieg.

Keinen Monat darauf brennt der Gerichtssitz Wittenberg. Kohlhase „verwandelte die Vorstadt nahe jenem Tor, das zur Burg führt, durch Brandstiftung in einen Aschehaufen". Innerhalb von Tagen wird Hans Kohlhase und sein Tun in der Gegend bekannt und in vielen Häusern auch respektiert. Nach langer Frist wird erneut ein Gerichtstermin bestimmt, an dem die Widersacher aufeinandertreffen sollen. Günter von Zaschwitz hatte das Zeitliche gesegnet, seine Familie widmet dem Rechtsstreit kaum Aufmerksamkeit. Sie ist sich ihrer Herrschaftsrechte gewiss. Vom 6. bis 8. Dezember 1534 bemüht man sich auf exterritorialem Gebiet den Streit zu schlichten. Herr K. verlangt bei den Verhandlungen in Jüterbog für seine Pferde 1.200 Gulden. Die von Zaschwitz wären bereit 300 zu geben. Man einigt sich auf 600. Nur: Die von Zaschwitz werden nicht zahlen. Rechtens, meint auch der Kurfürst und schilt die Richter.

Aber in Kohlhases folgender Kriegserklärung, seine ritterliche Fehde, erkennen die Richter sofort den Gesetzesverstoß. 1495 war diese Maßnahme der Selbstjustiz abgeschafft worden, deswegen hat Herr K. „keine rechtmäßig gedrungen ursach“ für seine Handlungen, deswegen kann er auf Ausgleich nicht hoffen. Kohlhasens Wut auf geltende Rechtsprechung wird unmäßig. Um nicht unbedacht zu handeln, hatte sich Kohlhase bereits an Martin Luther gewandt. Der schrieb: „Es ist mir furwahr Euer Unfall leid gewesen, und noch, das weiß Gott; und wäre wohl zuerst besser gewesen, die Rache nicht furzunehmen, dieweil dieselbe ohne Beschwerung des Gewissens nicht furgenommen werden mag, weil sie selbs eigen Rache ist, welche von Gotte verboten. Nu ist Selbsrichter sein und Selbsrichten gewißlich unrecht, und Gottes Zorn läßt es nicht ungestraft. Was Ihr mit Recht ausführen moget, da tut Ihr wohl; könnt Ihr das Recht nicht erlangen, so ist kein andrer Rat da, denn Unrecht leiden.“ Nein, Kohlhase möchte das Unrecht nicht leiden!

Herr K. handelt. Seine Schar wird größer. Kohlhase kennt man in der „Gegend, die sich auf der einen Seite bis zur Mark, auf der zweiten bis zum Bistum Magdeburg, auf der dritten bis Sachsen und schließlich bis zur Lausitz erstreckt“. Keine Gerichtsbarkeit kann ihn fassen. Zum einen genießt der Empörer unter der Bevölkerung erhebliches Zutrauen, zum anderen akzeptiert sein Haufen Kohlhases strenges Regime: Allen gleiche Rechte, gleicher Lohn. Auch wird die Verfolgung schwer, Herr K. und Konsorten nutzen geschickt Terrain und Landesgrenzen. „Er weiß gut, wo seine Stärke liegt, hält sich strikt an die Regeln des Partisanenkampfes. Sein oberster Grundsatz: die Gegner stets über seine Absichten im Unklaren lassen, um unverhofft bald da, bald dort zuzuschlagen.“ Unberechenbar seine Aktionen. Nach strengem Plan wird gehandelt. Einzeln kommen die Täter zum Ort der Verbrechen. Einzeln verschwinden sie in den Wäldern. Manches Mal soll Herr K. selbst den Sold seiner Häscher in Empfang genommen haben. Berichtet wird auch, dass er eine Landsknechtrotte ihrer Waffen beraubte. Und: Kohlhases Mannen üben selbst auf dem Schafott keinen Verrat. Bereits zu seinen Lebzeiten wachsen Legenden: Über Wasser soll er gehen können, gleichzeitig an zwei Orten kann er erscheinen. Doch seinen sagenhaften Ruhm nutzen auch profane Übeltäter: Manch brutaler Raub und Überfall wird Herrn K. angelastet, obwohl er ihn nicht begangen hat. Kohlhases einziges Ziel jeder Handlung: Er möchte sein Recht. Davon geht er über acht Jahre nicht ab. Nur sein Recht möchte er, deshalb seine Taten.

Und seine Taten haben stets Nähe zu jenen, von denen er sich betrogen glaubt: den Richtern und Räten. So brennt in Grömnigk bei Brück am 26. und 27. Mai 1535 die Mühle. Das Kloster Zinna trifft die Gewalt. So wird am 23. Juni 1538 der Kaufmann Georg Reiche gekidnappt, denn Reiche ist mit dem brandenburgischen Staatskanzler verwandt. In Marzahna stecken Kohlhases Mannen Häuser der Reichen in Brand. Über den ansässigen Scharfrichter verhängen die Rebellen das Todesurteil. Es wird vollstreckt. Stets wieder fordert Herr K. mit Taten nur immer sein Recht. Stets wieder wird es ihm wieder verweigert.

Herr K. fühlt sich unangreifbar und sicher, obwohl mit allen Mitteln, sogar mit denen der Schwarzkunst, die Fahndung läuft. Allein ein Gefolgsmann gerät in die Hände der Verfolger und wird „auff dem neuen Marckt zum Berlin auff einem auffgerichteten Gerueste in erster Glut enthaeuptet“. Nach Herr K. fahndet man weiter „biß man ihn im Gaeßlein (Probststraße 15) bey S. Nicolaus Schule, bey Thomas

Meißner Hause gefunden, da hat er samt seiner Haußfrauen in einem Kasten gelegen". Nicht lange „darnach hat der Churfuerst zu Brandenburg den Sachsen einen peinlichen Zutritt und gerichtlichen Proceß wieder Kohlhasen verstattet, derowegen er den Montag nach Palmarum ist fuers Gericht gestellet und zum Tode des Rades verurtheilet worden. Und ob man ihn wohl mit dem Schwert begnaden wollen, hat ihn doch der Kumpan abgehalten, daß ers nicht thun sollte. Denn wenn sie gleiche Brueder gewesen, so wollten sie auch gleiche Kappen tragen. Sie sind also die drey mit einander fast hoch auff den Tag hinaus gefuehret, und auffs Rad gelegt, darauff Kohlhase lange Zeit und ueber einen Monat lang frisch geblutet."

Prozess und Urteil fanden am 22. März 1540 statt. Das Blutgerüst stand auf dem Strausberger Platz zu Berlin – heute erinnert daran am Haus eine Plakette. Vier Wochen sei das Blut aus Kohlhasens Leiche geflossen. was nicht nur vom brandenburgischen Kurfürsten als Beweis seiner Unschuld gedeutet wurde. Acht Jahre dauerte der Krieg des Herrn K. – gewonnen hat er ihn nicht. Er konnte ihn nicht gewinnen.

Heinrich von Kleist: Michael Kohlhaas, Berlin 1980.

Carl August Hugo Burkhardt: Der historische Hans Kohlhase und Heinrich von Kleist's Michael Kohlhaas, Leipzig 1864.

Michael Kohlhaas – der Rebell, Film 1969, Regie: Volker Schlöndorf.

Michael Kohlhaas, Hörspiel, Rundfunk der DDR 1976.

Kurt Neheimer: Der Mann, der Michael Kohlhaas wurde, Berlin 1979.

Bernd Hamacher: Michael Kohlhaas. Erläuterungen und Dokumente, Stuttgart 2003.

Aufklärungsmethode: Mord!

Deutschlands erster Kriminalautor: August Gottlieb Meißner

„Einst saßen zu Löbau in der Oberlausitz einige preußische Soldaten im Bierhause zusammen; sprachen von ihrem neuen Winterquartiere und meinten größtentheils: daß es nunmehr auf jedem Fall sehr schwer, wenn nicht unmöglich geworden sey, durchzugehn. – ‚Possen!' rief einer von ihnen: ‚wenn ich sonst Lust hätte Reißaus zu nehmen, meine Wachtkammerade sollte mich doch nicht hintern.' – ‚Weil er vielleicht mitginge?' – ‚nicht doch! Da wüßt' noch andern Rath!' – ‚Und welchen?' ‚Ich suchte weiter nichts, als ein einziges mal sein Gewehr in die Hand zu bekommen; und schüttete oder blies ihm dann das Pulver von der Pfanne.' – ‚Nun, und das nützte?' – ‚Unendlich viel! Ich liefe dann vor seinen Augen davon; sicher, daß er mir nicht nachschießen könnte!' Man lachte über diesen Einfall und sprach bald darauf von etwas anderem.

Aber ein anderer junger Bursche, der mit an diesem Tische saß, erst seit zwey Monaten die Muskete trug, und gerade so lange sie auch gern wieder losgeworden wäre, lachte nicht viel mit, sondern dachte bey sich selbst: ‚das Mittel will ich mir merken.' Vier oder fünf Tage nachher kam er wirklich selbst an der auf einen etwas entlegenen Posten zu stehen; er versuchte diesen Kunstgrif, und entkam. – Aber nicht allzuweit! Er war zwar richtig schon außer Gefahr; da er aber einfältig genug, erst nach seiner Heimath zulief, um allda Abschied von seinem Mädchen zu nehmen, so fand ihn eine nachsetzende

Patrouille und brachte ihn zurück. Beym Verhöre war eine der ersten Fragen, wie er zu diesem Einfalle gekommen sey? Er hätte ihn dreist für seinen eigenen ausgeben können; aber gestand alles allzu aufrichtig. Sofort ward der Erstere auch verhaftet. Jenes Gespräch ward ihm vorgehalten; er konnte oder mochte dasselbe nicht leugnen. Das Standrecht erkannte dem Ausreißer zwei Tage Spießruthen, dem unvorsichtigen Redner den Strang!"

Die Geschichte war nicht Phantasie eines guten Erzählers, sie beschrieb wahres Geschehen und Zustände, die menschlichem Gerechtigkeitsempfinden widersprachen. Der Philosoph Immanuel Kant postulierte jener Zeit: „Die Aufklärung ist der Ausgang des Menschen aus seiner selbstverschuldeten Unmündigkeit. Unmündigkeit ist das Unvermögen, sich seines Verstandes ohne Leitung eines anderen zu bedienen." Um diese Unmündigkeit zu überwinden, bedarf es der Bildung und „Erziehung des Menschengeschlechts". Darin formulierte der

Gut gebrüllt: Ohne Rücksicht auf Verluste

Kamenzer Gotthold Ephraim Lessing 1777: „Sie wird kommen, sie wird gewiß kommen, die Zeit der Vollendung, da der Mensch, je überzeugter sein Verstand einer immer bessern Zukunft sich fühlet, von dieser Zukunft gleichwohl Bewegungsgründe zu seinen Handlungen zu erborgen, nicht nötig haben wird; da er das Gute tun wird, weil es das Gute ist, nicht weil willkürliche Belohnungen darauf gesetzt sind, die seinen flatterhaften Blick ehedem bloß heften und stärken sollten, die innern bessern Belohnungen desselben zu erkennen." So erzählten Autoren jener Jahrzehnte der Aufklärung Geschichten, die zur Erkenntnis und Selbstbefähigung ihrer Leser führen sollten. Oft stand tatsächliches Geschehen dafür Pate. Großem Erfolg erwarb sich damit jener Zeit August Gottlieb Meißner. Das „Journal für Belletristen und Belletristinnen" kürte ihn 1782 zum „Lieblingsschriftsteller unserer Nation".

Die von ihm beschriebenen unglaublichen Alltäglichkeiten sind Meißner zugetragen worden. Er hatte von diesen Schrecknissen, Eifersüchteleien und Morden an Stammtischen gehört, auch weil er darum gebeten hatte, sie ihm zu erzählen. Von manchem Vorfall hatte er in Zeitungen gelesen, weitere aus anderen Sprachen übersetzt. Er fasste sie neu und schrieb sie nieder. Meißners sogenannte „Skizzen" erschienen in 14 Bänden zwischen 1778 und 1796 und avancierten zu Bestsellern europaweit. Sie wurden ins Französische, Schwedische, Dänische, Holländische und Russische übersetzt. Unzählige Male wurden sie als Raubdrucke verbreitet. Auch Weimars Klassiker von Goethe, Schiller bis Jean Paul nahmen ihn zur Kenntnis und ließen sich vom „Bizarren" und „Fremden" in Meißners „Skizzen" faszinieren. Ludwig van Beethoven beabsichtigte, sich vom Bestseller-Autor Texte für seine Kompositionen schreiben zu lassen. Bis heute erleben Meißners Kriminalgeschichten Nachauflagen. Und August Gottlieb Meißner bleibendes Verdienst: Er führte den Begriff einer neuen Kunstgattung in Deutschland ein. Meißner verwendet 1783 erstmals auf einem Buchtitel das Wort „Kriminal-Geschichten". Seitdem steht Kriminal auf unzähligen Covern, Katalogen und Plakaten: Kriminalroman und Kriminalerzählung, Kriminalfilm und komödie, Kriminalschriftsteller und museum – das Wort ist zum Markennamen und Genrebegriff geworden.

In seiner Bedeutung bezieht sich „kriminal" auf eine Straftat, welcher Art sie auch immer sei. Das Wort wurde aus dem Lateinischen im 18. Jahrhundert eingedeutscht. Verbrechergeschichten hatte man auch vorher schon gelesen. Bereits die antiken Sagen, Dramen und Berichte erzählen von Morden und deren Aufklärung: Klytaimnestra und Medea, Ödipus und Orest, Cäsar, Nero und Caligula. Auch das Mittelalter bietet realiter und literarisch eine Unzahl an schauerlichen Mordgeschichten: Elisabeth Bathorý, Lucrezia Borgia, Hamlet oder Albrecht der Entartete. Mitte 18. Jahrhundert wollten „Moralische Erzählungen" nicht nur unterhalten, sondern auch belehren. Der Franzose Francois Gayot de Pitaval veröffentlichte 1734 bis 1743 zwanzig Bände „causes celebres" und erklärte damit nebenbei das Rechtsystem. Ab 1747 erschienen seine „Erzählungen sonderbarer Rechtshändel" in deutscher Übersetzung, dessen bekannteste Auswahl Friedrich Schiller einleitete: „Man findet in demselben eine Auswahl gerichtlicher Fälle, welche sich an Interesse der Handlung, an künstlicher Verwicklung und Mannigfaltigkeit der Gegenstände bis zum Roman erheben und dabei noch den Vorzug der historischen Wahrheit voraus haben. Man erblickt hier den

Beim geringsten Vergehen: Militärstrafe muss sein

Menschen in den verwickeltesten Lagen, welche die ganze Erwartung spannen, und deren Auflösung der Divinationsgabe des Lesers eine angenehme Beschäftigung gibt." Ganz so, wie August Gottlieb Meißner seine „Kriminalgeschichten" schrieb.

Meißner stammt aus dem oberlausitzer Bildungsbürgertum. Sein Vater brachte es zum Regimentsquartiermeister des sächsischen Militärs in Löbau, später bekleidete er den Posten eines Senators und Ratskämmerers in der Verwaltung der Stadt Bautzen. In Bautzen erblickte Sohn August Gottlieb am 3. November 1753 das Licht der Welt. Nach dem frühen Tod des Vaters zog die Mutter mit Familie zurück nach Löbau, wo August Gottlieb zur Schule ging. Sein Jura-Studium absolvierte Meißner in Wittenberg und Leipzig. In der Messe- und Buchhandelsstadt kam Meißner in Diskussionskreise über Moralphilosophie, Ästhetik und Literatur. Kommilitonen waren unter anderem Jean Paul, Johann Gottfried

Der Erste, der kriminell deutsch erzählte (1813)

Seume und Johann Karl Wezel - Kontakte, die auch nach dem universitären Abschluss bestehen blieben. Meißner wird von den Herren zu eigenen Texten ermutigt, sein Debüt ist die komische Oper „Das Grab des Mufti oder die zwey Geizigen“ (1776). Meißners erste Stellung ist die eines Kanzlisten und Registrators am Geheimen Archiv in Dresden. Er ehelicht die Hofratstochter Christiana Elisabeth Becker. Karger Lohn zwingt ihn, mehr und mehr zu veröffentlichen. Conferenzminister Friedrich Ludwig von Wurmb ermöglicht ihm 1778 die Halbtagstätigkeit, die ihn noch produktiver werden lässt, wovon nicht nur Meißners „Skizzen“ zeugen, sondern auch Dramen, historische Romane, Herausgaben und Übersetzungen. Obwohl Freimaurer und Protestant wird

August Gottlieb Meißner 1785 an die von Jesuiten dominierte Prager Universität berufen. Aufgrund von Intrigen und Schmähungen wechselt Meißner 1805 als Direktor ans Gymnasium nach Fulda. Dort ereilt seine Familie der von französischen Besatzungstruppen eingeschleppte Typhus, dem er, seine Frau und zwei seiner Kinder im Jahre 1807 erliegen. Tochter Bianca vermählte sich mit dem Historiker und Kunstmäzen Johann Gottlob von Quandt. Sein Enkel Alfred Meißner wird anerkannter deutschböhmischer Schriftsteller, den Ludwig II. in den bayrischen Adelsstand erhebt. „Meißner der Mensch besaß viele edle Eigenschaften, ein Herz, das warm und voll schlug für Menschen- und Bürgerglück. Kein Opfer scheuend für Licht und Wahrheit, rühmte man ihm als Freund Standhaftigkeit, als Vater zärtliche Liebe und Einsicht, als Sohn Dankbarkeit und Pflichtgefühl nach. Als Gesellschafter war er ebenso angenehm als geistreich, und die Lebhaftigkeit seines Geistes verstand es, jedem unbedeutenden Vorfalle des Lebens einen Anstrich von Neuheit zu geben, eine ungeahnte, nicht selten komisch wirkende, pikante Wendung zu verleihen“, schrieb Rudolf Fürst in seiner Biografie „August Gottlieb Meißner, eine Darstellung seines Lebens und seiner Schriften“ (1894). Bereits 1811 waren seine „Sämmtliche Werke“ in 56 Bänden erschienen.

Das Sujet für seine Kriminalerzählungen findet Meißner oft in der Umgebung seiner Wohnstatt: in Böhmen, Sachsen und der Oberlausitz. Sie tragen Titel wie „Edle Dreistigkeit einer gemeinen Bäuerin, die Schande ihres hingerichteten Gatten zu mindern“ (1785), „Mordbrenner und Schadenstifter, um für heilig zu gelten“ (1785), „Vatermörder, ohne es zu wollen“ (1788), „Der blutige Jeßanak“ (1792) oder „Mord an seiner Frau, um ihre Seele zu retten“ (1796).

Der Autor hoffte, dass man in seiner Sammlung keine Geschichte fände, „die nicht Anlaß zu Betrachtungen über die sonderbare Verkettung vom Guten und Bösen, über die dünne March zwischen Tugend und Schwäche und Laster, über die Unsicherheit menschlicher Urtheile, über den Selbstverrath des Lasters, oder über verwandte Wahrheiten darböte". Dass Meißners Kriminalgeschichten bis heute faszinieren, beweisen immerwährende Nachauflagen.

August G. Meißner: Kriminalgeschichten, Hildesheim 1977.
August G. Meißner: Ausgewählte Kriminalgeschichten, St. Ingbert 2003.
Rudolf Fürst: August Gottlieb Meißner. [...], Berlin 1900.

Geister sehen und sterben

Friedrich Schiller und der erste deutsche Kriminalroman

„In der ganzen Geschichte des Menschen ist kein Kapitel unterrichtender für Herz und Geist, als die Annalen seiner Verirrungen." Wie August Gottlieb Meißners schrieb Friedrich Schiller „Eine wahre Geschichte" und publizierte sie 1786 in seiner Zeitschrift „Thalia", die die Göschen'sche Verlagsbuchhandlung in Leipzig herausbrachte: „Verbrecher aus Infamie" (später als „Verbrecher aus verlorener Ehre"). Meißner übersehend, benennt die Literaturgeschichte die Novelle oft als erste deutsche Kriminalerzählung. Schiller schildert den Fall des „Sonnenwirtles" Johann Friedrich Schwahn aus Ebersbach bei Stuttgart. Wahrscheinlich hatte Schillers Lehrer Jakob Friedrich von Abel davon erzählt, denn dessen Vater hatte die Verhaftung vorgenommen. Abel selbst berichtet in seiner „Sammlung und Erklärung merkwürdiger Erscheinungen aus dem menschlichen Leben" (1787) drüber: Wirtssohn Friedrich war Mitglied der Schettinger Bande, die von Diebstahl, Wildfrevel und Überfällen lebte. Er hatte bereits als Siebzehnjähriger seinen ersten Mord begangen. Am 3. November 1760 ward der Verbrecher erst gerädert, dann geköpft. In erster Hinsicht wollte Autor Friedrich Schiller unterhalten, nicht belehren. So sind viele seiner Werke auch als Kriminalliteratur zu lesen: „Die Kraniche des Ybikus", „Die Räuber" oder „Die Bürgschaft".

Schillers letztes Drama „Die Polizey" entwirft „ein gigantisches Gesellschaftspanorama: Die Pariser Polizeibehörde des Ancien Regime wird zum Kristallisationspunkt zwischen Ordnung und Chaos, Intimität und Öffentlichkeit, Individuum und Masse. Von den romantischen Räubern seiner Kindheit gelangt Schiller zu den Verbrechern und Agenten der modernen Großstadt und aus den böhmischen Wäldern in die dunklen Quartiere von Paris. Der idealistische-revolutionäre Schlachtruf Freiheit und Gleichheit wandelt sich zur Debatte über öffentliche Sicherheit und staatliche Kontrollmechanismen." Das Theaterstück blieb unvollendet. Wie auch der Roman „Der Geisterseher" keine Fortsetzung erfuhr.

„Die Papiere des Grafen von O." geben sich ganz den Anschein der Authentizität. Im Roman werden Geister beschworen. Wahrsager lassen die Zukunft wissen. Politiker spinnen Intrigen. Vor Morden schreckt man nicht zurück. Im Hintergrund agieren Geheimorganisationen. Gespenstisch die Atmosphäre: „Wir fanden, als wir in den Saale zurückkamen, mit einer Kohle einen weiten Kreis beschrieben, der uns alle zehn bequem fassen konnte. Ringsherum an allen vier Wänden des Zimmers waren die Dielen weggehoben, daß wir gleichsam auf einer Insel standen. Ein Altar, mit schwarzem Tuch behangen, stand mitten im Kreis errichtet, unter welchem ein Teppich von rotem Atlas gebreitet war. Eine chaldäische Bibel lag bei einem Totenkopf aufgeschlagen auf dem Altar, und ein silbernes Kruzifix war darauf festgemacht. Statt der Kerzen brannte Spiritus in einer silbernen Kapsel. Ein dicker Rauch von Olibanum verfinsterte den Saal, wovon das Licht beinahe erstickte. Der Beschwörer war entkleidet wie wir, aber barfuß; um den bloßen Hals trug er ein Amulett an einer Kette von Menschenhaaren, um die Lenden hatte er eine weiße Schürze geschlagen, die mit geheimen Chiffren und symbolischen Figuren bezeichnet war. Er hieß uns einander die Hände reichen und eine tiefe Stille beobachten; vorzüglich empfahl er uns, ja keine Frage an die Erscheinung zu tun. Den Engländer und mich (gegen uns schien er das meiste Mißtrauen zu hegen) ersuchte er, zwei bloße Degen unverrückt und kreuzweise einen Zoll hoch über seinen Scheitel zu halten, solange die Handlung dauern würde. Wir standen in einem halben Mond um ihn herum; der russische Offizier drängte sich dicht an den Engländer und stand zunächst an dem Altar. Das Gesicht gegen Morgen gerichtet, stellte sich der Magier jetzt auf den Teppich, sprengte Weihwasser nach allen vier Weltgegenden und neigte sich dreimal gegen die Bibel. Eine halbe Viertelstunde dauerte die Beschwörung, von welcher wir nichts verstanden; nach Endigung derselben gab er denen, die zunächst hinter ihm standen, ein Zeichen, daß sie ihn jetzt fest bei den Haaren fassen sollten. Unter den heftigsten Zuckungen rief er den Verstorbenen dreimal mit Namen, und das dritte Mal streckte er nach dem Kruzifixe die Hand aus – Auf einmal empfanden wir alle zugleich einen Streich wie vom Blitze, daß unsere Hände auseinander folgen; ein plötzlicher Donnerschlag erschütterte das Haus, alle Schlösser klangen, alle Türen schlugen zusammen, der Deckel an der Kapsel fiel zu, das Licht löschte aus, und an der entgegenstehenden Wand über dem Kamine, zeigte sich eine menschliche Figur, in blutigem Hemde, bleich, und mit dem Gesicht eines Sterbenden. ‚Wer ruft mich?', sagte ein hohle, kaum hörbare Stimme."

Die Séance spielt in Venedig. Doch fußt sie auf Geschehen, von dem Friedrich Schiller wohl aus erster Hand erfahren hatte. Im Sommer 1785 weilte der Skandalautor im Dorfe Gohlis nahe Leipzig. Manche Verabredung befahl ihn in die Handelsmetropole. Der Weg dahin führt - auch heute noch - durch das Rosenthal.

Spektakuläres hatte sich im Rosenthal ereignet. Der Coffeeschenk und Geisterseher Johann Georg Schrepfer hatte sich 1774 dort in den Kopf geschossen. Schon damals dachte mancher, es sei Mord gewesen. Sagenumwoben ist der Wirt bis heute. Tatsachen und Legenden sind kaum mehr zu trennen. Anlass dafür gibt der Tote reichlich. Geheime Bünde tagten in seinem Haus im Barfußgässchen (seit 1841 „Zills Tunnel"). Man hörte Unglaubliches: Tote habe er leben lassen, sie hätten zum Publikum gesprochen. Auch wegen des Hokuspokus lag Schrepfer mit Professoren, Ehrenmännern und Adligen im Streit, doch reichten die Beziehungen des Wirts bis hinein ins Dresdner Königshaus. Alle Anschuldigungen schlugen fehl.

Schrepfer wurde 1738 als achtes Kind eines Nürnberger Gastwirts geboren. Er sei „ein großer, untersetzter, wohlgebildeter, gutgewachsener, kurz ein schöner, ansehnlicher Mann" gewesen. Um 1760 zieht er wie drei seiner Brüder nach Leipzig. Sie waren bald zerstritten. Schrepfer war bemüht, in der oberen Gesellschaft Fuß zu fassen. Dabei handelte er „ohne alle Ueberlegung, öfters aufs Ohngefähr, ohne Rücksicht auf die Folgen, bey Grossen mit unverschämter Zudringlichkeit und bei Niedrigen mit unerträglichem Stolz". Er beeindruckt seine Mitmenschen „durch abergläubische Ceremonien, apokalyptische Reden, die er selbst nicht verstand". Er heiratet und bleibt dem Gastgewerbe treu. Um mehr Gäste als die Konkurrenz zu haben, musste er sich etwas einfallen lassen, was ihn von den anderen Kneipen unterschied. Die Geschäftsidee war seine „Loge zur ächten Maurerey". Bewusst grenzte Schrepfer sich damit von den existenten Freimaurer-

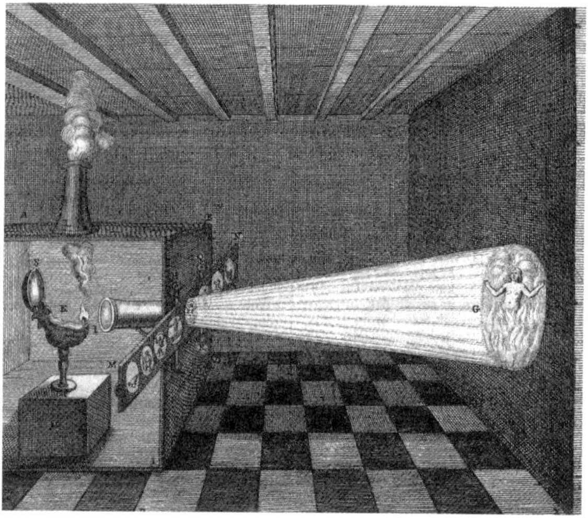

Zauber und Zinnober: Laterna magica

logen ab. Diese sahen sich vom Scharlatan nicht nur in ihrer Ehre verletzt - sie taten alles, um Johann Georg Schrepfer das Handwerk zu legen.

Schrepfer zog sein Unternehmen geschickt auf: Er „kannte die Menschen und ihre Schwächen, die Szene der Logen und Geheimbünde, die verbreitete Neigung zu Gerüchten und Mystischem. Er nutzte das, ein Maß kannte er nicht." Er las die einschlägigen Publikationen und vermittelte den Eindruck, als sei er einer der geheimen Führer. Er referierte sein erlauschtes und erdachtes Wissen. Das beeindruckte. Das beeindruckte auch Staatsbeamte. Selbst der - bereits erwähnte - sächsische Conferenzminister Friedrich Ludwig von Wurmb erlag diesem Geisterseher. Und Schrepfer tat noch mehr. Er erklärte, Anleihen zu besitzen, die schnell im Geldwert stiegen.

Man müsste nur investieren - und nicht nur Minister von Wurmb investierte.

Schrepfers Geschäftsidee funktioniert auch heute. Stets wieder versprechen „seriöse" Berater gute Profite. Eine Zeit lang zahlt man, danach geht das Unternehmen Pleite. Geld ist nicht mehr auffindbar. Mit genauso leeren Versprechungen köderte Johann Georg Schrepfer seine Gläubiger. Und er tat noch mehr: „Seine Oberen" hätten es gestattet, dass Schrepfer nur von ausgewählten Personen Geld anlegen dürfte. Conferenzminister Wurmb gab bereits Anweisungen, wie mit den versprochenen Gewinnen umzugehen sei: „1) Die Gelder sollen allezeit in der Schweiz ausgezahlet werden. 2) Nie soll jemand darnach fragen, woher sie kommen."

Und wie in gegenwärtigen Fällen, war der Drahtzieher zunächst nicht auffindbar. Später wurde Schrepfer von den Betrogenen gestellt. Wurmb und Genossen saßen am 7. Oktober 1774 in Schrepfers Kneipe. Nach dem Vorfall gaben sie zu Protokoll, „daß sie im Freundeskreis zu Abend gegessen hätten bis 1 Uhr nachts, bei Punsch und in heiterer Stimmung". Einige hätten sogar bei Schrepfern geschlafen, denn 5 Uhr früh verabredeten sie sich „zu einer Promenade im Rosenthal". Ein eigenartiges Treffen. Wer geht in morgendlicher Dunkelheit spazieren?!

Von da an widersprechen sich die Zeugen. Fest steht: Die Herren bezahlten den Wachmann am Rosenthaltore jeweils zwei Groschen, dass sie die Stadt verlassen durften. Einer sagt: „Nach einem Stück des Wegs zusammen im kleinen Wald bat Schrepfer uns einen Moment zu warten und zog sich zurück." Der andere gibt zu Protokoll: „Schrepfer ist hinter den anderen zurückgeblieben." Der nächste meint: „Ich habe gar nichts sehen können." Unzweifelhaft ist, sie alle hörten einen Schuss und folgerten: Selbst-

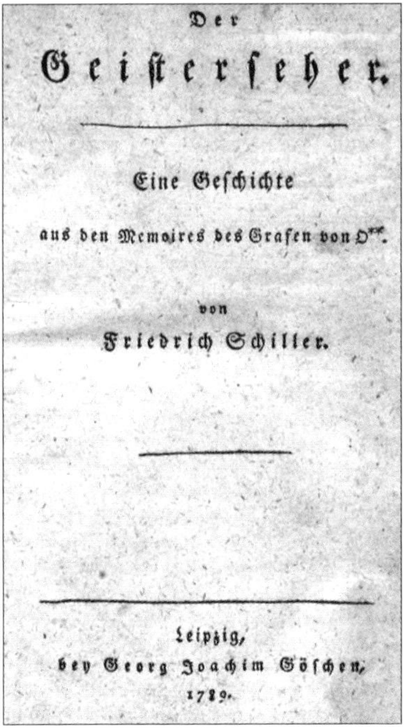

Der

Geisterseher.

Eine Geschichte

aus den Memoires des Grafen von O**.

von

Friedrich Schiller.

Leipzig,

bey Georg Joachim Göschen,

1789.

Der Deutschen erster Kriminalroman

mord. Der Mann war tot. Man brachte ihn 5 Uhr 30 ins Lazarett. Eine halbe Stunde später geben die Zeugen ihre Beobachtungen bereits zu Protokoll. Der Tote wird noch am gleichen Tage obduziert. „Der Sectionsbefund enthält nichts von besonderem Interesse." Sofort danach wird Schrepfer begraben. Ungewöhnlich. Machte hier ein Minister seinen Einfluss geltend und verwischte Spuren?

Heutigen Gerichtsmedizinern erscheint der Selbstmord kaum vorstellbar. In der Regel hat der

Selbstmörder den Kiefer offen und schießt in der Mundhöhle nach oben. Schrepfer hatte die Zähne zusammengebissen, die Kugel zertrümmerte sie. „Denkbar wäre hier ein gewaltsames Einführen der Waffenmündung zwischen den Lippen durch eine fremde Person, wobei ein aktives Aufeinanderpressen der Kiefer das Eindringen der Waffe in den Mund verhindert hat." Ein Mord erscheint, wenn nicht bewiesen, so doch sehr wahrscheinlich. Auch Mordmotive finden sich: Die Herren um Wurmb fühlten sich von Schrepfer betrogen. Mehr noch, sie waren erpressbar, denn wenn der König von den illegalen Geldgeschäften erführe, wären ihre Karrieren am sächsischen Hofe zunichte. Deshalb wohl zwangen sie den Schrepfer ins Rosenthal und forderten, er solle sich jetzt selber töten. Schrepfer wird das nicht getan haben, so schoben die feinen Herren ihm die Pistole vor die Zähne und drückten ab. Gerüchte schmückten den Mordfall trefflich aus. Davon hörte Schiller und schrieb seinen „Geisterseher". Dass er den Kriminalfall kannte, lässt ein weiterer Fakt vermuten: In der Tragödie „Kabale und Liebe" heißt der intrigante Minister Wurm ...

Auch beim Dresdner Romantiker Ludwig Tieck hinterließ der Mordfall Schrepfer literarisch Spuren, zumindest legt seine Novelle „Die Wundersüchtigen" (1831) diesen Schluss sehr nah. Ein Ende zu Schillers „Geisterseher" verfasste Hanns Heinz Ewers (1922).

Friedrich Schiller: Mörder aus verlorener Ehre, Berlin 1973.

Friedrich Schiller/Hanns Heinz Ewers: Der Geisterseher, München 1922.

Ludwig Tieck: Die Wundersüchtigen, Norderstedt 2017.

Otto Werner Förster: Tod eines Geistersehers, Leipzig 2011.

Der Geisterseher, TV-Film 1988, Regie: Rainer Bär.

Muss Bücher haben, haben, haben

Johann Georg Tinius: Bücherwahn als Mordmotiv

Das Paradies habe ich mir immer wie eine Art Bibliothek vorgestellt.

Jorge Louis Borges

Skandal! Am 31. März 1814 wurde in der Nikolaikirche einem Pfarrer Berufsverbot erteilt. Priesterrock und Kragen musste er öffentlich ablegen und schwören, sie nie wieder zu tragen. Von der Kanzel wurde eine Rede gehalten. „Wir sehen an dem schrecklichen Beispiel dieses Mannes, wie unglaublich tief ein Mensch sinken kann, wenn er sich von einer einzigen Leidenschaft beherrschen läßt. Seine Lieblingsneigung schien, an sich betrachtet, unschuldig zu sein. Er wünschte eine zahlreiche Büchersammlung zu besitzen, mit den angesehensten Gelehrten in Bekanntschaft zu kommen und sich dadurch Ruhm und Ehre zu erwerben." Dafür fehlte dem Pfarrer jedoch das nötige Geld. „So verfiel er auf den unseligen Gedanken, ihn durch List, Betrug und die größten Verbrechen zu erreichen. Durch Stolz und Eitelkeit verblendet, unterdrückte er alle Regungen des Gewissens und stürzte sich in den tiefsten Abgrund des Verderbens."

Der Name dieses Pfarrers ist Legende. Unzählige Bücher wurden über ihn geschrieben. Unzählige Geschichten erzählt man über ihn: In Postkutschen sei er gestiegen und habe die Mitfahrenden beraubt. Sein Mantel schleifte im Dreck, denn in sei-

Vorsicht! Lektüre kann tödlich sein (1785)

nen Taschen war das Tatwerkzeug: der Hammer. In Gasthäusern habe er Wirten an Leben gewollt. Die Mütter riefen die Kinder ängstlich von der Gasse: „Gommt nuff, der Dinius ist unterweechs!"

Der Pfarrer hieß Johann Georg Tinius. Er hatte gemordet, um Geld zu rauben. Für dieses Geld kaufte er Bücher. Nichts als Bücher. In seiner Bibliothek standen mehr als 60.000 Bände. Mord aus Bücherwahn. Ein Motiv mit Seltenheit.

Leipzig nennt sich Buchstadt. Insofern passt der Bücherwahn von Pfarrer Tinius sehr gut zum Tatort.

Leipzig war seit seiner Gründung eine Handelsstadt und hatte sich zur Messemetropole fortentwickelt. Dem Handel verdankt Leipzig auch seine Entwicklung zur Buchstadt. Bis zum Ende des 15. Jahrhunderts brachten auswärtige Buchdrucker und händler die Druckschriften in diese Stadt. In Leipzig wird das erste Buch 1481 gedruckt. Bis 1530 erscheinen 1300 Titel. Die Buchmesse, auf der mit Veröffentlichungen aus allen Teilen Europas gehandelt wurde, erlangte eine eigenständige Bedeutung, die sie bis heute hat. Verlage gründeten sich in der Stadt oder verlegten ihren Geschäftssitz an die Pleiße. Druckereien folgten ihnen. Leipzig ist eine Buchstadt geblieben. „Leipzig liest" nicht nur zur Messezeit.

„Johann Georg Tinius war in Staakow, einem Dorfe der Niederlausitz, als Sohn von Eltern niederen Standes im Jahre 1764 geboren; sein Vater war Aufseher königlich-preußischer Schäfereien. Bei seinem Großvater erhielt er die erste Erziehung. Beim Religionsunterricht bemerkte der Geistliche die vorzüglichen Anlagen des Knaben und verschaffte ihm die Möglichkeit, sich dem Studium zu widmen. Nachdem Tinius, durch die Mildtätigkeit guter Menschen unterstützt, sich auf der Universität Wittenberg durchgeholfen hatte, wurde er an mehreren Orten Hauslehrer." Später Pfarrer. 1809 kam er als solcher nach Poserna bei Weißenfels. Er machte seinen Job gut, und er veröffentlichte kleine Schriften. So wurde der Pfarrer über seinen Arbeitsplatz hinaus bekannt und beliebt. Seine Predigten waren volksnah und verständlich. Man reiste von weiter her an, um ihn zu hören.

Johann Georg Tinius war zum zweiten Mal verheiratet, hatte drei eigene und drei Stiefkinder. Seine Frau hatte Vermögen mit in die Ehe gebracht. Tinius gab es für Bücher aus. Von Scheune bis Stall, in fast allen Räumen seines Hofes standen sie in den Regalen. Und Tinius kaufte weiter ganze Bibliotheken. Leipzig lag nah, und deshalb fuhr der Pfarrer aus Poserna oft zu den Händlern in die Stadt. Dafür brauchte Johann Georg Tinius Geld. Immer mehr Geld. Viel mehr Geld, als er verdiente. Tinius hatte bereits hohe Schulden, doch von seinen Büchern konnte er nicht lassen. Bücherwahn.

Gustave Flaubert beschreibt die Symptome solcher Krankheit. „Die fieberglühenden, verzehrenden Nächte verbrachte er inmitten seiner Bücher. Zwischen den Reihen und Stapeln lief er einher, erklomm die Galerien seiner Bibliothek in grenzenloser Verzückung; da hielt er still, sein Haar hing wirr, im starren Auge blinkte ein Licht; zitternde Hände betasteten das Holz am Regal; sie waren heiß und feucht. Er nahm ein Buch, blätterte, befühlte das Papier, prüfte die Vergoldung, den Einband, die Schriftzeichen, die Druckerschwärze, den Falz und die Anordnungen der Zeichnungen bei dem Worte ‚finis'. Dann wechselte er den Standort, reihte das Buch in ein höheres Fach und verharrte ganze Stunden in der Betrachtung von Titel und Format. Ging er zu seinen Handschriften, seinen erwählten Lieblingen, nahm er eine auf, die älteste, die unansehnlichste, die schmutzigste; verzückt und beglückt besah er das Pergament, spürte den Geruch des geweihten und ehrwürdigen Staubes; seine Nasenflügel blähten sich vor Freude und Stolz, ein Lächeln irrte über seine Lippen. Oh! Glücklich war er, dieser Mensch, glücklich in der Sphäre dieser Wissenschaften, deren sittliche Bedeutung und literarischen Wert er kaum begriff; verzaubert saß er im Reichtum all dieser Bücher, und sein Auge glitt über die schadhaften Seiten, über das fleckige Pergament; er liebte das Wissen, wie ein Blinder das Licht."

Am 4. März 1813, wurde Johann Georg Tinius in Poserna verhaftet. Der angesehene Pfarrer stand plötzlich unter Mordverdacht. Eine Zeugin hatte ihn wiedererkannt. Das Dienstmädchen Jette Schmidt war sich sicher, sie hatte Tinius in dem Hause in Leipzig gesehen, in dem ein Mord geschehen war. „Am Neumarkt wohnte vier Treppen hoch die fünfundsiebzigjährige Witwe des Briefträgers Kunhardt. Sie hatte am Morgen des 8. Februar 1813 bald nach acht Uhr ihr Dienstmädchen fortgeschickt, um aus einem Gewölbe eine Flasche zu holen. Als das Dienstmädchen nach Hause zurückkehrte, traf es auf dem Hausflur einen Magister, der ihr bekannt vorkam. Er fragte die Magd, ob sie weggehe und wann sie wiederkomme. Sie antwortete, sie komme eben zurück, worauf sich der Mann durch die Haustür entfernte. Als sie oben ankam, fand sie die alte Kunhardt auf dem Vorsaale mit blutigem Kopfe in einem Winkel der Stubentür lehnen. Die Haube war ihr heruntergerissen, aus dem Kopf sickerte Blut, viel Blut. Die Verwundete sagte ihr, ein fremder Kerl, der ihr einen Brief gegeben hätte, habe sie so blutig geschlagen." Das Schriftstück war unterzeichnet mit dem Namen Johann Gottfried Bröse. Dieser Bröse bat den toten Mann der Kuhnhardt um ein Darlehen von tausend Talern.

Jette Schmidt glaubte den fremden Mann aus dem Hausflur schon einmal gesehen zu haben, und zwar in der Gastwirtschaft des Magister Höpfner. Und wirklich hatte Pfarrer Tinius am Tattag bei Höpfner im Preußergässchen Quartier genommen. Für die Tatzeit morgens gegen neun Uhr versuchte er, Zeugen zu finden, die ihm ein Alibi geben konnten. Bei Buchhändler Liebeskind auf der Grimmaischen Straße sei er gewesen. Und beim Antiquar Rau auf der Petersstraße habe er vorgesprochen. Und im

Beygangschen Museum habe er Zeitung gelesen. Und den Mützenfabrikanten Asmus habe er auch noch besucht, jedoch keine passende Mütze gefunden. Und mit einem Studenten namens Adami habe er sich auf der Straße eine Weile lang unterhalten. Nur: Alle die Zeugen können sich nicht an die genaue Uhrzeit erinnern, und der Student namens Adami ist nirgendwo aufzufinden.

Mittlerweile lautet die Anklage gegen Tinius Mord, denn die Witwe Kuhnhardt ist im Hospital verstorben. Der Pfarrer ist der Tat dringend verdächtig und bleibt in Haft. Zumal ihm auch Diebstahl von Kirchengeldern nachgewiesen wird. Und der Mordverdacht erhärtet sich. Alle Zeugen beschreiben die Kleidung, die Tinius in Leipzig trug. Im Haus in Poserna findet die Polizei noch mehr Briefe, in denen um Darlehen gebeten wird. Die Experten haben keinen Zweifel, Tinius hat den Brief, den man bei Witwe Kuhnhardt fand, mit dem Namen Johann Gottfried Bröse unterzeichnet. Die Polizei entdeckt noch mehr: zwei Hämmer. Der eine passt genau in die Wunden, die man dem Mordopfer geschlagen hatte.

Aus der Gefängniszelle schreibt Pfarrer Tinius heimlich Briefe. Darin bittet er die Zeugen, in seinem Sinne auszusagen. „Es müßte unter so viel vertrauten Freunden Ihnen nicht schwerfallen, einen zu finden, auf dessen Zeugnis Sie sich beriefen, daß er zu Ihnen gekommen, als ich dort gewesen." Und für das falsche Alibi will Pfarrer Tinius zahlen. „An meinen Sohn schreiben Sie, daß er sogleich sechzig Taler Geld schafft und zu Ihnen bringt, teils für die jetzt genannte Person, teils für Sie."

In einem der abgefangenen Briefe schreibt Johann Georg Tinius: „Sollte ich etwa in die Schmidtsche Geschichte mit hineingezogen werden – welches man aber jetzt noch nicht äußern darf und mag –,

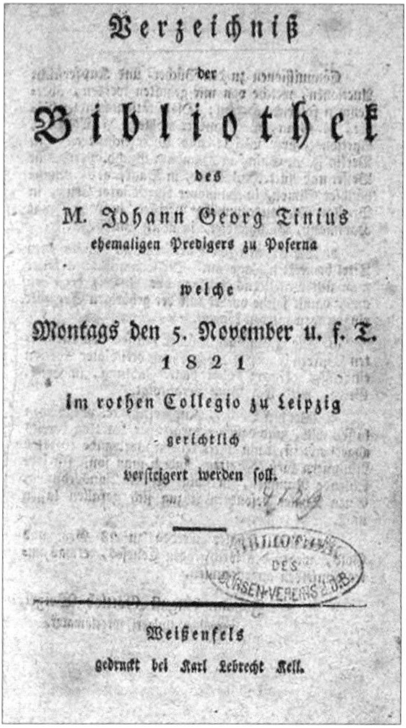

Verzeichniß
der
Bibliothek
des
M. Johann Georg Tinius
ehemaligen Predigers zu Poserna
welche
Montags den 5. November u. f. T.
1821
im rothen Collegio zu Leipzig
gerichtlich
versteigert werden soll.

Weißenfels
gedruckt bei Karl Lebrecht Kell.

Bücher! Bücher! Bücher! Auktionskatalog der Bibliothek des Johann Georg Tinius (1821)

sollte Magister Höpfner darüber befragt werden, so soll er sagen, wie ich ihm im eingeschlossenen Zettelchen geschrieben habe, denn so war es, wie ich mich erinnere, und so müssen wir konform bleiben." Welche „Schmidtsche Geschichte" kann der Tinius meinen? Einen weiteren Mord.

„Zu Anfang des Jahres 1812 erregte ein Verbrechen in Leipzig allgemeine Aufmerksamkeit; der Eindruck auf die Bewohner der Stadt war um so schrecklicher, als aller Nachforschungen ungeachtet der geheimnisvolle Täter unentdeckt blieb. Zu dem hochbejahrten Kaufmann Schmidt, der in der Grimmaischen Straße ein Haus besaß, kam am Morgen des 28. Januar etwa zwischen zehn und elf ein unbekannter Mann von ungefähr vierzig Jahren und sagte ihm, er sei aus Hamburg an ihn empfohlen; weil dort nichts mehr zu machen sei, wolle er sich in Sachsen nach einer Verdienstmöglichkeit umsehen. Er fragte ihn, ob er sich ein Landgut oder sächsische Obligationen kaufen solle, und während des Gesprächs, das etwa eine halbe Stunde dauerte, holte Schmidt auf die Bitte des Fremden eine Leipziger Stadtobligation über hundert Taler aus dem Schreibtisch, zeigte sie dem Unbekannten, legte sie aber nachher wieder in den Schreibtisch zurück. Auf einmal sank er bewusstlos nieder." Der Unbekannte hatte einen Hammer gezückt und dem Kaufmann Schmidt den Schädel eingeschlagen. 3.000 Taler, angelegt in Wertpapieren, waren gestohlen worden. Diese Papiere wurden sofort im Bankhaus Frege in Bargeld getauscht. Die Schalterbeamten konnten über den Kunden kaum Angaben machen. Aber ihre Beschreibungen passten auch auf Johann Georg Tinius.

Hatte Pfarrer Tinius außer der Witwe Kunhardt ein Jahr vorher schon einmal getötet? Tinius selbst hatte die Verbindung zur „Schmidtschen Geschichte" erst hergestellt. Die daraufhin erfolgten Ermittlungen zeigen, wenige Tage nach dem Mord an Kaufmann Schmidt hatte Tinius alle seine Schulden bezahlt. Ungefähr 3.000 Taler hatten die betragen – genau die Summe, die bei Schmidt gestohlen worden war. Und auch der Kaufmann war mit einem Hammer erschlagen. Und auch an diesem Tag weilte Johann Georg Tinius in der Stadt. Genug der Beweise, der Pfarrer wird angeklagt.

Der Prozess jedoch muss verschoben werden. Poserna liegt länger nicht mehr im Lande Sachsen, es wird nach den Napoleonischen Kriegen dem Königreich Preußen zugeschlagen. Erst im Jahre 1820 ergeht das Urteil: 20 Jahre Haft. 18 für den Mord an Witwe Kuhnhardt. Zwei für den Raub von Kirchengeldern. Im Mordfall Schmidt wird Tinius aus Mangel an Beweisen freigesprochen.

Im Zuchthause zu Zeitz wurde Tinius seinen Kenntnissen entsprechend mit Schreibarbeiten beschäftigt. Und dort hat er selbst Bücher geschrieben. Es wird berichtet, er habe gar ein Wörterbuch erstellt mit einer Sprache die nie existierte. „Seine frühere Gemeinde zu Poserna, der nach seiner Entlassung die Verpflegung des ganz Verarmten oblag, scheute sich, ihn wieder in ihrer Mitte aufzunehmen, und verschaffte ihm auswärts auf ihre Kosten ein Unterkommen." Fast zweiundachtzigjährig verstarb Johann Georg Tinius am 24. September 1846 in Gräbendorf bei Königs Wusterhausen und wurde dort beerdigt. Sein Grab allerdings wurde nach kurzer Zeit schon eingeebnet. Legenden hat keiner gern auf seinem Friedhof liegen.

Johann Georg Tinius (1813): Merkwürdiges und lehrreiches Leben des M. Johann Georg Tinius, Friedenau 1989.

Gustav Flaubert (1836): Bücherwahn, Leipzig 1976.

Walter Streckfuß (1871): Der tolle Hans, Köln 2009.

Paul Gurk (1936): Magister Tinius. Ein Drama des Gewissens, Bremen 1946.

Walter Gerullis: Zwischen Kanzel und Kerker, Weimar 1958.

Klas Huizing: Der Buchtrinker, München 1994.

Detlef Opitz: Der Büchermörder, Frankfurt/M. 2005.

Michael Köhlmeier: Umblättern und andere Obsessionen, Köln 2005.

Die Bedrängnis der Soldaten

Eines Romantikers unromantischer Tod

„Die Nachwelt würde unserer Zeit in hohem Grade Unrecht thun, wenn sie das, was an geistigen Potenzen, sogar an dichterischen Fähigkeiten in ihr vorhanden ist, nach demjenigen beurteilte, was der Markt der ‚schönen Literatur' aufweist", steht Wilhelm von Kügelgens Memoiren voran, die nach seinem Tod unterm Titel „Jugenderinnerungen eines alten Mannes" 1870 veröffentlicht wurden. Kügelgen schildert darin gut lesbar und (meist) sehr vergnüglich seine Kindheit in der Residenzstadt Dresden, wo sein Vater, Gerhard von Kügelgen, „seinerzeit ebenso hoch als Künstler gefeierter wie seines edlen Charakters und seiner liebenswürdigen Persönlichkeit wegen als Mensch allgemein geschätzter Maler" war. Der Künstler gilt heute als Inbegriff der frühromantischen Schule. Doch enden die Erinnerungen seines Sohnes abrupt mit dem Mord am innig geliebten Vater. Dessen gewaltsamer Tod ihn damals in eine tiefe Lebenskrise stürzte. Der Mord am Maler Kügelgen schreckte damals die ganze Stadt und zeichnete ein illusionsloses Bild der aus den napoleonischen Kriegen heimgekehrten Soldaten. Mehrere Pitavale verzeichnen den Mordfall.

Gerhard von Kügelgen war am Abend des 27. März 1820 nach seinem Grundstück in Loschwitz gegangen, sein siebzehnjähriger Sohn saß im Konzert im „Alten Posthaus" der Pirnaischen Gasse, wo man Joseph Haydns „Die Sieben Worte" spielte. „Als ich nach Hause [Hauptstraße 13] kam und den Vater nicht vorfand, ergriff mich die lebhafteste

Mordopfer zu Lebzeiten

Sorge. Ich machte mich sogleich auf den Weg und lief durch die helle Mondnacht ihm entgegen bis auf den Weinberg. Hier schlief schon alles, und ich mußte den Winzer aus dem Bette holen. Von ihm erfuhr ich, daß mein Vater freilich dagewesen sei, mehrere Anordnungen getroffen, aber schon vor sieben Uhr den Rückweg angetreten habe. Spornstreichs rannte ich jetzt zurück und klopfte die Wirtsleute auf Findlaters [Kaffeehaus auf dem Gelände von Schloss Albrechtsberg] und dem Linckeschen Bade [Diakonissenkrankenhaus] heraus, ob er vielleicht plötzlichen Unwohlseins halber dort eingetroffen sei; aber niemand wollte ihn gesehen haben. Möglich, dachte ich, daß er in der Stadt noch einen Besuch gemacht und nun längst zu Hause ist – aber das war er nicht, und wir brachten die Nacht in namenloser Angst hin." Am Morgen danach verständigt die besorgte Familie die Polizei. Mit Hunden begibt man sich auf die Suche.

Am überschwemmten Uferweg der Elbe schlagen die Hunde an, und man stößt in einer Vertiefung auf den entseelten Körper des Malers. „Bis auf die Unterhosen und das blutige Kamisol nackt, lag der Körper, die Arme nach der Brust gebogen, auf dem Gesicht. Am Finger steckte noch ein goldener Ring mit dem Namen Lilla, den Namen seiner Frau. Das Gesicht war von mehreren Schlägen und Stichwunden entstellt, der linke Augenwinkel, der linke Unterkiefer und das linke Schläfenbein waren zerschmettert, und auch das rechte Schläfenbein war zum Teil eingedrückt und zerbrochen." Fast aller Sachen war der Tote beraubt.

Der Verdacht des Raubmords wird verstärkt, als Kinder Kügelgens Mantel im Schutt hinterm Zollhaus am Schwarzen Thore entdecken. Mit der Bagage hätten die Wächter den Täter wohl kontrolliert. Den Ermittlern fallen erstaunliche Parallelen zu einem vor drei Monaten begangen Morde ins Auge: Am 29. Dezember 1819 „findet ein Fuhrmann abends 6 Uhr, in einer mondhellen Nacht, auf der von Dresden nach Großenhayn führenden Kunststraße, ungefähr 900 Schritte von dem Gasthofe zum Wilden Mann [Großenhainer Str. 243], den Tischlergesellen Gottlob Leberecht Winter ermordet und beraubt." Der zweite Mord eines Serientäters?

Am 3. April gibt die Polizei per Publikandum die Liste der beim Mordopfer vermissten Gegenstände bekannt. Tags drauf erscheinen bei der Polizei zwei Geschäftsleute und übergeben Kügelgens Uhr, die ihnen am 28. März frühmorgens 9 Uhr angeboten wurde. Den Verkäufer würden sie aufgrund seiner Kleidung für einen Artilleristen gehalten haben. Und selbigen Tags am Nachmittag begegnet einer der Zeugen beim Spaziergang mit zwei Freunden dem Unterkanonier Johann Georg Fischer und „glaubte

Friedhofsromantik „An Kügelgens Grab“

in ihm den Verkäufer der Uhr zu erkennen. Sie redeten ihn wegen der Uhr an und gingen in lautem Gespräch eine Strecke Weges mit ihm. Fischer wußte wirklich um die Uhr Bescheid, aber als sie ihm dann schärfer zusetzten, erklärte er, er habe geglaubt, sie sprächen von der Uhr, die er in einem Wirtshause gekauft habe. Er wurde ärgerlich, und faßte den, der ihn ausfragte, am Arme und verlangte, daß er mit ihm gehen solle. In dem Augenblicke kam ein Gendarm hinzu.“

Im Verhör verstrickt sich Fischer in Widersprüche, gesteht aber, die Uhr am Schwarzen Thore gefunden und dann verkauft zu haben. Doch wollen die Händler im Verdächtigen besagten Uhrenverkäufer jetzt nicht mehr wiedererkennen. Fischer bleibt trotzdem in Haft. „Nachdem er vierzehn Tage so gesessen hatte, zeigte der Amtsfron am 18. April abends an, Fischer habe ihm soeben eingestanden, daß er Herrn Kügelgen umgebracht habe." Im folgenden Verhöre bleibt er bei seinem Geständnis, leugnet jedoch vehement, die Mordtat am Tischlergesellen Winter. Am nächsten Morgen erschien erneut der Gefängnisdiener und meldete diesmal, „Fischer habe ihm auf seine eindringlichen Vorhaltungen hin endlich auch noch bekannt, daß er den Tischlergesellen Winter ebenfalls ums Leben gebracht habe. Aber schon am nächsten Tage widerrief er beide Geständnisse und sagte, er habe sich selbst bezichtigt, weil er doch ganz unschuldig in Verdacht gekommen sei und deswegen gerne habe sterben wollen." Überhaupt machte Fischer den Eindruck, eines stupiden und leicht beeinflussbaren Menschen, der wohl unter Druck seine Meinungen ändert. Zwar war die Folter im Königreich Sachsen 1770 abgeschafft worden, geduldet wurde sie dennoch. Handelte der Amtsfron eigenmächtig, um seine Karriere zu fördern? Andrerseits liegen die Tatorte in Nähe der Dresdner Kasernen, was einen Soldaten als Täter wahrscheinlich scheinen lässt. Und hätten die Händler nicht einen solchen beschrieben?

So veröffentlicht die Polizei am 21. April auch die vermissten Sachen im Mordfalle Winter. Daraufhin zeigte der „Handelsmann Löbel Graf am 24. April an, er habe am 3. Februar von dem Unterkanonier Kaltofen einen stahlgrünen Oberrock und am 4. April einen dunklen Tuchüberrock mit Ölflecken und ein Paar lange Beinkleider gekauft. Da ihm die Sachen nunmehr verdächtig vorgekommen seien, weil die Beschreibung der geraubten Stücke in den Zeitungen auf sie zu passen scheine, hätte er Kaltofen darüber zur Rede gestellt. Kaltofen hätte viele Ausflüchte gemacht und sich dabei widersprochen, endlich aber habe er angegeben, die beiden

Mordort

Oberröcke von dem verhafteten Kanonier Fischer gekauft zu haben." Daraufhin wird der vierundzwanzigjährige Offiziersbursche Johann Gottfried Kaltofen verhaftet. Kanonier Fischer derweilen bestätigt und dementiert seine gemachten Aussagen.

Bei der Durchsuchung von Kaltofens Quartier, er schläft außerhalb der Kasernen, entdecken die Ermittler den Schlüssel zum Kügelgenschen Hause. Und es meldet sich als Zeuge Kompanieschuhmacher Kießling, „wahrscheinlich aus Angst, durch längeres Verschweigen in den Verdacht der Mittäterschaft zu gelangen, vielleicht aber auch von seinem Gewissen getrieben". Ihm habe der Kaltofen nämlich gestanden, „er habe den Herrn Kügelgen mit einem Beile ermordet und auch noch den Hosenträger und eine Weste des Ermordeten in seinem Quartiere versteckt. Aber er wolle alles auf Fischer schieben." Tatsächlich werden bei neuen Durchsuchungen besagte Gegenstände gefunden. Ob der Fülle der Indizien gesteht Kanonier Kaltofen die Morde.

„Nunmehr stand die Täterschaft Kaltofens fest, und hinsichtlich Fischers schien dargethan, daß er völlig schuldlos sei." Die Akte kann dem Gerichte übergeben werden.

Aber die Akten mußten wieder zurückgefordert werden, denn „am 5. Oktober zeigte der uns wohlbekannte Amtsfron an, daß Kaltofen ihm eröffnet habe, daß Fischer an beiden Mordtaten beteiligt gewesen sei. Er habe diese Teilnahme Fischers bis jetzt nur deswegen abgestritten, weil er und Fischer sich gegenseitig verschworen hätten, einander nicht zu verraten." Fischer leugnet entschieden. Die Anwesenheitslisten in der Kaserne geben Fischer unwiderlegbare Alibis und beweisen seine völlige Unschuld. Anwalt Eisenstuck erlangt die Rückgabe sämtlicher Bürgerrechte an Fischer und erkämpft nach seiner Haftentlassung am 19. April 1821 für ihn eine Rente, der Kanonier hatte Krieg 1813 heldenhaft auf sächsischer Seite gekämpft.

Am 11. Juli 1821 erstieg Johann Gottfried Kaltofen das Blutgerüst auf dem Dresdner Altmarkt. Die martialische Vollstreckung des Todesurteils durch das Rad hatte König auf das Schwert gemindert. Vielleicht hatte Kaltofen noch größere Gnade von Friedrich August dem Gerechten erhofft. „Er sagte die Beichte stotternd her, und seine Todesangst war jetzt nicht mehr zu verkennen. Allein nach der gewöhnlichen Absolution ermannte er sich, stand auf und sprach die Worte: ‚Meine Herrschaften, Fischer hat dieselbe Strafe verdient, die ich jetzt erleide!' Dann setzte er sich gefaßt nieder, strich sich die Haare aus dem Nacken und empfing den Schwertstreich."

Der Mordfall war in Dresden monatelang Stadtgespräch gewesen. Nun diese Worte des Todgeweihten. Nicht jeder war von der Unschuld des Kanoniers Fischer überzeugt.

Zu Kaltofens Hinrichtung strömten Tausende, sie „war für das Volk in Dresden ein Fest". Auf die Phantasie „eines unglückseligen, sittlich verderbten Weibes hatte die Hinrichtung einen unauslöschlichen, bezaubernden Eindruck gemacht. Sie wollte auch so gottselig sterben. Vier Wochen nach Kaltofens Hinrichtung lud sie ein verlobtes Mädchen zu sich und bewirtete es. Als das Mädchen bald darauf einschlief, ermordete sie es im Schlafe. Sie reinigte den Leichnam und die Mordwerkzeuge und gab sich nach wenigen Stunden bei der Polizei selbst als Mörderin an. Freimütig bekannte sie als Motiv, daß in ihr der Gedanke rege geworden sei, einen Mord zu begehen, um auch so sterben zu können."

Wilhelm von Kügelgen: Jugenderinnerungen eines alten Mannes, Berlin 1870.

Friedrich Christian August Hasse: Die Biografie Gerhard von Kügelgens, Leipzig 1824.

Willibald Alexis/Julius Eduard Hitzig: Der Neue Pitaval, 12. Teil (1847), Meersburg 1929.

Held eines stattgefundenen Dramas

Chemisch gereinigt in die Weltliteratur: Georg Büchners „Woyzeck“

„Der Woyzeck Georg Büchners … Eine ungeheure Sache, vor mehr als achtzig Jahren geschrieben … nichts als das Schicksal eines gemeinen Soldaten, der seine ungetreue Geliebte ersticht, aber gewaltig darstellend, wie um die mindeste Existenz, für die selbst die Uniform eines gewöhnlichen Infanteristen zu weit und zu betont erscheint, wie selbst um den Rekruten Woyzeck, alle Größe des Daseins steht, wie er's nicht hindern kann, dass bald da, bald dort, vor, hinter, zu Seiten seiner dumpfen Seele die Horizonte ins Gewaltige, ins Ungeheure, ins Unendliche aufreißen, ein Schauspiel ohnegleichen, wie dieser missbrauchte Mensch in seiner Stalljacke im Weltall steht, malgré lui, im unendlichen Bezug der Sterne. Das ist Theater, so könnte Theater sein“, ist Rainer Maria Rilke vom Theaterbesuch begeistert. Zufälle ermöglichten die Uraufführung 1913. Zufälle ermöglichten das Schreiben. Seitdem ist das „Woyzeck“ unzählige Male inszeniert und aufgeführt worden. Die Bearbeitungen des Textes sind so zahllos wie seine Adaptionen bis hin zu Oper (1925) und „Woyzeckmaschine“ (2009). Doch ward dieses Fragment eines Theaterstückes spät entdeckt und sein Eingang in den Kanon der Weltliteratur nicht vorhersehbar gewesen.

Der Ausgangspunkt für Georg Büchner zum Schreiben ist nichtig: Ein Mord am Rande der Gesellschaft war auch zu seinen Zeiten weder ungewöhnlich, noch spektakulär. Am Abend des 2. Juni 1821 nach neun Uhr stach am Leipziger Stadtrand der arbeitslose Johann Christian Woyzeck angetrunken und wütend seine Geliebte, die Christiane Woostin, nieder. „Er traf dieselbe Abends halb zehn auf dem Heimgange in ihre Wohnung auf der Sandgasse [heute Seeburgstraße]; wurde von ihr zu derselben mitgenommen, im Eingange des Hauses aber durch einige beleidigende Worte von ihr zur Wuth gereizt, und in dieser unglückseligen Stimmung vollbrachte er die beschlossene Mordthat mit sieben Stichen mittelst eines Messers, von welchen Wunden die eine dergestalt gefährlich war, daß der Tod der Unglücklichen darauf erfolgte."

Die Biografie des Mörders hebt nichts aus vielen andern seiner Zeit: Am 3. Januar 1780 wird Johann Christian Woyzeck in Leipzig als Sohn eines Perückenmachers (veraltet: Friseur) geboren. Seine Familie hatte „einen unbescholtenen Ruf". Der Vater war aus Polen zugezogen und sprach schlecht Deutsch. „Woyzeck verlor seine Mutter bereits im achten, seinen Vater aber im dreizehnten Jahre seines Alters, und dieser frühe Verlust seiner Aeltern hat hoechst wahrscheinlich einen nicht unbedeutenden Einfluß auf seine sittliche Bildung und sein nachmaliges Leben gehabt." Die Eltern waren an der Schwindsucht verstorben. Als Vollwaise unter städtischer Vormundschaft geht Woyzeck regelmäßig zur Schule. Berufswunsch wie der seines Vaters: Perückenmacher. Nach der Ausbildung hat Meister Knobloch für seinen Gesellen keinen Arbeitsplatz. „In seinem achtzehnten Jahre begab sich Woyzeck in die Fremde, conditionirte, bald als Friseur, bald als Bedienter in Wurzen, Berlin, Breslau, Töplitz und Wittenberg und kehrte nach Verlauf von sechs Jahren wieder nach Leipzig zurück." In seinem Beruf konnte Woyzeck hier nicht arbeiten, so kolorierte er

Johann Christian Woyzeck – Mordsvorbild der Weltliteratur (um 1822)

Kupferstiche oder bediente. Schließlich wurde Woyzeck Soldat und zog in die napoleonischen Kriege. 1818 wurde er aus dem Armeedienst entlassen und zog wieder in seine Heimatstadt. Die Witwe seines Lehrmeisters Knobloch ließ ihn in einem ihrer Zimmer wohnen. Die Miete dafür zahlte Christiane Woost, die Stieftochter seines Meisters. Die Woostin kannte Woyzeck seit Jahrzehnten. Sie unterstützte ihn, schenkte ihm menschliche Nähe und Aufmerksamkeit und Liebe. Doch nicht jeden Abend konnte sie Johann Christian mit in ihre Kammer nehmen. Christiane Woost verdiente ihr Geld als Prostituierte.

Woyzeck fand keine Arbeit, die ihn ernährte. Der soziale Abstieg folgte. Schließlich war er obdachlos. Die Woostin steckte ihm Geld und Brot zu und „gestattete dem immer mehr Verwildernden auch noch von Zeit zu Zeit einigen Zutritt in ihre Wohnung, ohne zu ahnen, daß derselbe bereits mit dem furchtbaren Gedanken, sie des Lebens zu berauben, schwanger gehe. Das war aber bei ihm bereits zum festen Entschluß geworden, denn er hatte eigens dazu eine alte Degenklinge gekauft, und führte sie am 2. Juni 1821, wo er der Woostin aufzulauern beschlossen hatte, verborgen bei sich" und stach zu.

Kurz nach der Tat wird Woyzeck auf dem nahen Roßplatz aufgegriffen „und zum Gewahrsam gebracht. Er bekannte die begangene That sofort ohne Abweichung." Die Degenklinge wurde beschlagnahmt. Die Leiche der Woostin wurde von Medizinern obduziert. Der nachfolgende Prozess schien ohne Komplikationen verlaufen. Die Fakten lagen klar: Johann Christian Woyzeck hatte seine Geliebte aus Eifersucht ermordet und die Tat gestanden: „Wenn nicht ich, dann auch kein andrer!" Doch es ergaben sich Zweifel. War Woyzeck bei Verstande, als er die Tat beging? Betrunken war er allemal. Und Zeugen sagten aus, „daß ihm in früheren Jahren zuweilen gewesen, als ob er fremde Stimmen höre". Und diese Stimmen hätten ihm den Mord befohlen, sagt Woyzeck: „Stich die Woostin tot! Stich die Woostin tot!"

Das Gericht beauftragte Johann Christian Clarus, ein Gutachten zum Geisteszustand des Mörders zu erstellen. Es kam zum Streit der Wissenschaftler, die in „Henkes Zeitschrift für die Staatsarzneikunde" ausgetragen wurde. Das Gericht schloss sich letztlich

Die Zurechnungsfähigkeit

des Mörders

Johann Christian Woyzeck

nach Grundsätzen der Staatsarzneikunde
aktenmäßig erwiesen

von

D. Johann Christian August Clarus,

Königl. Sächsischem Hofrath, des Königl. Sächsischen Civilverdienst- und des Kaiserl. Russischen Wladimir-Ordens IV. Classe Ritter, ordentl. öff. Professor der Klinik, des Kreisamts, der Universität und der Stadt Leipzig Physikus und Arzt am Jakobsspital, der Leipz. ökonomischen Societät, der Leipziger und Altenburger naturforschenden Gesellschaft und der Kais. Russ. Universität zu Charkow Ehrenmitgl.

Leipzig, bei Gerhard Fleischer.
1824.

Wusste er, was er tat? (1824)

Clarus' Meinung an, der festgestellt hatte, „daß ein Grund, um anzunehmen, daß derselbe zu irgend einer Zeit in seinem Leben, und namentlich vor, bei und nach der von ihm verübten Mordthat sich im Zustande einer Seelenstörung befunden, oder dabei nach einem nothwendigen, blinden und instinctartigen Antriebe, und überaus anders, als nach gewöhnlichen, leidenschaftlichen Anreizungen gehandelt habe, nicht vorhanden sey". Johann Christian Woyzeck wurde als gemeiner Mörder zum Tode durch das Schwert verurteilt. Hinrichtungsdatum: 27. August 1824, neun Uhr vormittags.

Am selbigen Tage wurde Woyzeck dem Scharfrichter übergeben und sodann auf den Leipziger Markt zur Hinrichtung abgeführt. Dort bestieg die Delegation das aus Holz gezimmerte Schafott. Woyzeck machte in seinen letzten Augenblicken den Eindruck eines ungewöhnlich kaltblütigen Menschen. Professor Clarus war unter den Zuschauern und vermerkte, Woyzeck habe „das Blutgerüst in einer Fassung bestiegen, als stiege er in einem Reisewagen". Sein letztes Gebet hatte Woyzeck aufgesetzt und auswendig gelernt. Es schloss: „Dir leb' ich, dir sterb' ich, dein bin ich tod und lebendig. Amen! Herr hilf! Herr laß es wohl gelingen!" Es gelang wohl. Der Scharfrichter „hieb mit so großer Geschicklichkeit und so schnell Woyzecks Kopf ab, sodaß er noch auf dem breiten Schwerte saß, bis der Scharfrichter das Schwerdt wendete und er herabfiel". Vom Platz erschallte unisono: „Bravo!"

Georg Büchner hatte vom Leben und Sterben des Delinquenten in besagter „Zeitschrift für die Staatsarzneikunde" gelesen, die er daheim in der Hausbibliothek fand, denn sein Vater veröffentlichte in ihr regelmäßig. Büchner begann mit der Arbeit am Text 1836, sie blieb unvollendet. Der Medizinstudent

Arzt, Dichter, Rebell: Georg Büchner

starb 23-jährig in Zürich am 19. Februar 1837. „Insgesamt liegen dem Drama 31 Szenen aus der Hand Büchners zugrunde, die wahrscheinlich vier Entwicklungsstadien zugeordnet werden können. Es ist nicht erkennbar, wie Büchner diese Szenen anordnen wollte. Die Manuskriptseiten haben keine Seitenzahlen. Die Tinte des Manuskripts ist so stark verblasst, dass Büchners Bruder Schwierigkeiten hatte, die Schrift zu lesen; auch deshalb nahm er es nicht in die erste Gesamtausgabe von 1850 auf."

Büchners literarischer Nachlass geriet 1875 in die Hand des vielgelesenen österreichischen Schriftstellers Karl Emil Franzos. „Vor mir lagen vier Bogen dunkelgrauen, mürbe gewordenen Papiers, kreuz und quer mit langen Linien sehr feiner, sehr blasser gelblicher Strichelchen beschrieben. Da war absolut keine Silbe lesbar. Ferner einige Blättchen weißen Papiers, mit ähnlichen Strichelchen bedeckt. Da hier die Zeichen größer waren, der Hintergrund heller, so war da stellenweise ein Wort zu entziffern, aber nirgendwo auch nur ein ganzer Satz. Rathlos wendete ich die Blätter hin und her. Da führte mir der

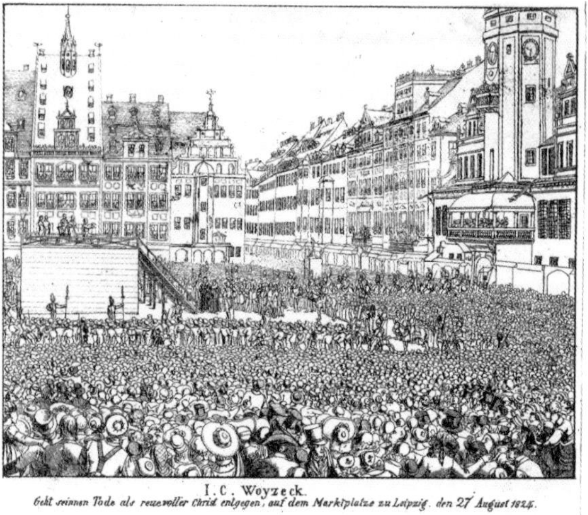

Der Leipziger Marktplatz als Schaubühne am 27. August 1824

Zufall das chemische Rezept zu, welches im Nürnberger ‚Germanischem Museum' zur Auffrischung von Urkunden benützt wird. Man bestreicht die betreffende Stelle zuerst mit destillirtem Wasser, dann mit Schwefel-Amoniak. Das Mittel erwies sich als wirksam, die verblaßten Strichelchen traten auf kurze Zeit wieder kohlschwarz hervor, auch an solchen Stellen, wo mit freiem Auge kaum mehr die Spuren einer Schrift zu erspähen waren. Aber da wies sich eine neue Schwierigkeit: die Schriftzüge waren mikroskopisch klein; oft mehr als dreißig Worte auf die gewöhnliche Zeile. Ich mußte zur Loupe greifen. Aber selbst mit bewaffnetem Auge und chemisch präparirtem Papier ging es schwer genug. Es war eine unsägliche Geduldprobe. Aber was ich entzifferte, war geeignet, mir immer wieder den Muth zu stählen." Nicht alles hat Franzos buchstabengerecht entziffert: So erscheint das Fragment 1879 erstmals unterm Titel „Wozzeck". Erst 1913, zu Georg Büchners hundertsten Geburtstag, erfolgte seine Uraufführung.

Das Publikum war geschockt und begeistert. Kritiker Alfred Kerr bemerkte: „Bei allem bleibt wahr: daß der Woyzeck sich wehrt, indem er sich nicht wehrt. Daß er durch seine Machtlosigkeit justament furchtbarsten Einspruch erhebt. Daß er am tiefsten angreift, weil er nicht angreifen kann. Woyzeck ist sehr wohl ein Held fürs Drama. Woyzeck darf nie ein Dramenheld werden. Das ist klar."

Georg Büchner: Woyzeck, Leipzig 1984.

Karl Emil Franzos: Georg Büchner's Sämmtliche Werke, Frankfurt/M. 1879.

Hans Mayer: Georg Büchner - Woyzeck, Frankfurt/M. 1993.

Woyzeck, Film 1947, Regie: Georg C. Klaren.

Woyzeck, Hörspiel 1959, Regie: Martin Flörchinger.

Woyzeck, Film 1965, Regie: Lothar Bellag.

Woyzeck, Film 1979, Regie: Werner Herzog.

Heiner Müller: Die Wunde Woyzeck. Büchner-Preis-Rede, 1985.

... FÜHRT ZU DOPPELSELBSTMORD, FÜHRT ZU WELTLITERATUR, FÜHRT ZU DOPPELSELBSTMORD, FÜHRT ZU ...

Es ist eine alte Geschichte, doch ist sie ewig neu: Romeo und Julia

„Diese Geschichte zu erzählen würde eine müßige Nachahmung sein, wenn sie nicht auf einem wirklichen Vorfall beruhte, zum Beweise, wie tief im Menschenleben jede jener Fabeln wurzelt, auf welche die großen alten Werke gebaut sind. Die Zahl solcher Fabeln ist mäßig: aber stets treten sie in neuem Gewande wieder in die Erscheinung und zwingen alsdann die Hand, sie festzuhalten." Die Geschichte von Sali und Vreni, von „Romeo und Julia auf dem Dorfe", spielt „an dem schönen Flusse, der eine halbe Stunde entfernt an Seldwyl vorüberzieht". Tatsächlich aber hatte sie sich am 16. August 1847 in Sellerhausen bei Leipzig zugetragen.

Eine kurze Meldung in der *Züricher Freitags Zeitung* vom 3. September hatte den Leser Gottfried Keller inspiriert: „Im Dorfe Altsellerhausen, bei Leipzig, liebten sich ein Jüngling von 19 Jahren und ein Mädchen von 17 Jahren, beide Kinder armer Leute, die aber in einer tödtlichen Feindschaft lebten, und nicht in eine Vereinigung des Paares willigen wollten. Am 15. August begaben sich die Verliebten in eine Wirthschaft, wo sich arme Leute vergnügten, tanzten daselbst bis Nachts 1 Uhr, und entfernten sich hierauf. Am Morgen fand man die Leichen beider Liebenden auf dem Felde liegen; sie hatten sich durch den Kopf geschossen." Noch immer bewegt diese Geschichte, und „wem sie just passieret, dem bricht das Herz entzwei".

In der örtlichen Presse war die Tragödie ausführlicher beschrieben: „Allgemeines Entsetzen erregte in und außerhalb unserer Gemeinden das schreckliche Ende des Gustav Heinrich Wilhelm und der Johanne Auguste Abicht, welche am 16. August auf Sellerhäuser Flur erschossen gefunden wurden", berichtet das *Leipziger Tageblatt*. „Gustav Heinrich Wilhelm, 18 Jahre alt, war ein nachgelassener Sohn des Schmiedemeisters Carl Gottlieb Wilhelm in Großböhla, dessen Mutter jetzt in Zävertitz lebt. Johanne Auguste Abicht, Tochter des Brodbäckers Heinrich Christian Abicht in den Straßenhäusern bei Volkmarsdorf, wurde geb. in Volkmarsdorf den 25. Febr. 1831. Zwischen Beiden fand seit längerer Zeit ein Liebesverhältniß Statt und obwohl Wilhelm von seinen Anverwandten gewarnt wurde, das Verhältniß aufzugeben, da er durch dasselbe zu einem Aufwande veranlaßt werde, welcher seinen Verdienst übersteige, so erneuerte sich dasselbe doch wieder. Am Sonnabend den 14. August wohnten Beide einem Tanzvergnügen im Odeon in Leipzig bei, und kehrten von demselben erst Sonntag den 15. früh um 7 Uhr zurück. Diesen Sonntag sollten sowohl Wilhelm als auch die Abicht zu Hause zubringen, von seinen Anverwandten war es wenigstens Wilhelm ausdrücklich untersagt, auszugehen. Nichts desto weniger nahmen Beide am Sonntag Abend an dem Tanze auf den drei Mohren, in Anger, Antheil. Das Mädchen in ihrer gewöhnlichen Hauskleidung. Bis nach 1 Uhr früh, Montag den 16., sollen sie in dem Saale anwesend gewesen sein.

Der Erste, welcher die Entseelten, ungefähr halb 10 Uhr Vormittags, fand, war der Gutsbesitzer Herr Axmann aus Sellerhausen. Dieser gewahrte neben

Vorspiel des Grauens – Sellerhausen nach der Völkerschlacht

den Leichnamen ein Pistol, einige Pappkästchen - in einem derselben war ein Haarband befindlich - und eine kleine Düte mit Schießpulver. Durch Herrn Axmann wurde der Gutsbesitzer und Gerichtsschöppe, Herr Fichtner, sogleich in Kenntniß von dem Geschehnen gesetzt und während durch denselben die Anzeige bei dem Königl. Kreisamt - welches die Obergerichte ausübt - erfolgte, war der zum Flurschutz in Sellerhausen anwesende Schütze als Wache zu den Leichnamen gestellt.

Die Leichname lagen in Sellerhäuser Flur an dem Fußwege, welcher von Anger nach Sellerhausen durch die Kohlgärten führt und zwar zur linken Seite dieses Weges, in der Richtung von Anger her. Dort lagen die beiden Körper dicht neben einander auf dem Erdboden lang ausgestreckt; sie lagen auf dem Rücken, das Mädchen zur rechten Seite, mit der Kopfseite zunächst an einigen Büschen. Der Nachtwächter Härtig aus Sellerhausen fand, ungefähr 15 Schritte von den Leichnamen entfernt, ein zweites Pistol auf und näher nach den Leichnamen lag der dazu gehörige Ladestock, so verbogen, daß er in dieser Krümmung zum Laden nicht mehr als tauglich betrachtet werden konnte. Da der Andrang von Menschen eine genauere Erörterung der Sache und Untersuchung der Leichen an Ort und Stelle unmöglich machte, so begab man sich nach Sellerhausen und die Leichname wurden daselbst im Spritzenhause niedergelegt.

Der zum Flurschutz in Sellerhausen anwesende Schütze gab an, daß er vergangene Nacht, ungefähr um 2 Uhr, drei Schüsse habe fallen hören, die beiden ersten in schneller Aufeinanderfolge, den dritten ungefähr 10 Minuten später; da indeß von den Flurwachen öfters geschossen würde, sei ihm dies nicht auffällig gewesen.

Die nähere Besichtigung und Untersuchung der Leichname ergab nun vor Allem das augenblicklich Tödtliche der Verwundungen, denn bei Wilhelm war der Kopf völlig zerstört; bei dem Mädchen dagegen war die linke Seite des Gesichts aufgerissen, die Kinnlade und die hintern Halsknochen zerschmettert und gänzlich zerstört, während der obere Theil des Kopfes ohne Verletzung war. In dem Gesichte war keine Spur von Pulverbrand zu sehen. Aller Wahrscheinlichkeit nach wurde das Mädchen von Wilhelm erschossen und dann entleibte er sich selbst. Seine Hände waren voll Blutflecken und von Pulver geschwärzt. Nach dem, was vorlag, so weit menschliches Urtheil reicht, war Wilhelm Mörder und Selbstmörder zugleich; sein Leichnam wurde an die Anatomie zu Leipzig abgegeben, während den Angehörigen der Abicht überlassen blieb, dieselbe, jedoch nur in der Stille, zu beerdigen.

Ueber die Ursachen des Mordes und Selbstmordes sind die verschiedensten, oft widersprechendsten Gerüchte im Umlauf; ebenso beschäftigt man sich eifrig damit, ob das Mädchen von dem Vorhaben unterrichtet gewesen und sie, mit ihrer eigenen Zustimmung, sich den Tod geben ließ, oder nicht. Alles dies sind immer nur Vermuthungen und können zu Nichts führen. So viel steht fest, daß zwischen den beiden jugendlichen Verirrten ein Verhältniß stattfand, wie es in ihren Jahren nicht stattfinden sollte und daß das Schaudererregende der That noch gesteigert wird durch die im Tanz durchschwärmten Nächte."

Das Phänomen des Doppelsuizids ist nicht selten. Die juristische Bewertung pendelt. So brachte Heinrich von Kleist am 21. November 1811 am kleinen Wannsee bei Berlin auf deren Wunsch erst Henriette Vogel und dann sich selbst ums Leben. Der Gymnasiast Rudolf Dietzen kam 1909 nach Leipzig, da sein Vater ans Reichsgericht versetzt worden war. Rudolf galt als Außenseiter. Er schrieb einem verehrten Mädchen Liebesbriefe und denunzierte sich bei deren Mutter mit anonymen Schreiben selbst. Dietzens Vater nahm den Sohn von der Schule und versetzte ihn ins Internat nach Rudolstadt. Dort verabredete Rudolf mit seinem Freund Hanns Dietrich von Necker den gemeinsamen Freitod. Die Freunde tarnten das Vorhaben als Duell. Von Necker starb. Dietzen überlebte schwer verletzt, wurde strafrechtlich belangt und psychiatrisch behandelt. Für seine schriftstellerische Laufbahn benannte sich Rudolf Dietzen nach Grimmschen Märchen später Hans Fallada. Sein erster veröffentlichter Roman „Der junge Goedeschall" schildert die Affäre und zitiert

Aufmerksamer Zeitungsleser: Gottfried Keller

die Liebesbriefe. „Ohhh Einsamkeit! / Sieh, oh, das Feuermal meines Leids!“, schreit der „Ringende“ in Johannes R. Bechers Kleist-Hymne. Auch dieser Autor versuchte 1910 in München, sich und seine sieben Jahre ältere Geliebte zu töten. Er schoss verabredungsgemäß zuerst auf sie und dann auf sich selbst. Die Frau starb. Becher überlebte. Offensichtlich war die Tat vom Vorbild Kleists nachgetan. Die Beispiele solch zwiefachen Freitods sind fortzuführen. Kronprinz Rudolf und Marie Vetsera, Stefan und Friderike Zweig, Adolf Hitler / Eva Braun, Gerhard Bastian / Petra Kelly, Eberhard und Helga von Brauchitsch, auch in Telenovelas, Soaps, der *Lindenstraße* und dem *Tatort* war Doppelselbstmord Thema.

„‚Es ist so gut wie getan, es nimmt dich niemand mehr aus meine Hand als der Tod!', rief Sali außer sich. Vrenchen aber atmete hoch auf, Tränen der Freude entströmten seinen Augen; es raffte sich auf und sprang leicht wie ein Vogel über das Feld gegen den Fluß hinunter. Sali eilte ihm nach; denn er glaubte, es wolle ihm entfliehen, und Vrenchen glaubte, er wolle es zurückhalten. So sprangen sie einander nach, und Vrenchen lachte wie ein Kind, welchen sich nicht will fangen lassen. ‚Bereust du es schon?', rief eines zum andern, als sie am Flusse angekommen waren und sich ergriffen; ‚nein! Es freut mich immer mehr!', erwiderte ein jedes. Aller Sorgen ledig, gingen sie am Ufer hinunter und überholten die eilenden Wasser, so hastig suchten sie ein Stätte, um sich niederzulassen; denn ihre Leidenschaft sah jetzt nur das Rauschen der Seligkeit, der in ihrer Vereinigung lag, und der ganze Wert und Inhalt des übrigen Lebens drängte sich in diesem zusammen; was danach kam, Tod und Untergang, war ihnen ein Hauch, ein Nichts, und sie dachten weniger daran, als ein Leichtsinniger denkt, wie er den andern Tag leben will, wenn er seine letzte Habe verzehrt."

War Shakespeares „Romeo und Julia" Vorbild für das Paar in Sellerhausen, war „Romeo und Julia auf dem Dorfe" wiederum Anleitung zum Handeln in Leipzig: „Am 9. des Monats März 1926 wurden früh ½8 Uhr im hinteren Rosenthal in der Nähe des Elstersteges zwei Tote aufgefunden, die offenbar kurz vorher ihr Leben durch Erschießen ein Ende bereitet hatten. Wie wir erfahren, hatten die jungen Leute ein Liebesverhältnis unterhalten, das von den Eltern des Mädchens nicht gebilligt wurde." Sie reisten aus Köthen nach Leipzig und besuchten dort eine Vorstellung im Varieté. „Der junge Mann fiel dadurch besonders auf, daß er einen Smoking trug, auch das Mädchen war elegant gekleidet. Beide nahmen mit vollem Interesse und Verstand teil, ergötzten sich sehr und machten verschiedene lustige Bemerkungen. Es ist anzunehmen, daß sie danach noch einige Lokale aufgesuchte haben." Es ist anzunehmen, spekuliert die Zeitung, „daß sie ihre Tat nach dem Vorbild Romeos und Julias unternahmen". Damit war ein tragischer Kreis geschlossen. „Es ist eine alte Geschichte, doch ist sie ewig neu, und wem sie just passieret, dem bricht das Herz entzwei."

Gottfried Keller: Romeo und Julia auf dem Dorfe, Leipzig 1965.

Hans Richter: Gottfried Kellers frühe Novellen, Berlin 1960.

Romeo und Julia auf dem Dorfe, Film 1941, Regie: Hans Trommer, Valérien Schmidely.

Romeo und Julia auf dem Dorfe, Film 1983, Regie: Siegfried Kühn.

Ich gehöre dir, Film 2003, Regie: Holger Barthel.

Abbildungsverzeichnis